물으면서 전진한다

조성웅

갈무리

국립중앙도서관 출판시도서목록(CIP)

물으면서 전진한다 / 조성웅. -- 서울 : 갈무리, 2006
　　p. ;　　cm. -- (마이노리티시선 ; 24)

ISBN 89-86114-93-3 04810 : ₩6000
ISBN 89-86114-26-7(세트)

811.6-KDC4
895.715-DDC21　　　　　　　　CIP2006002294

마이노리티시선 24

물으면서 전진한다

지은이 조성웅
펴낸이 장민성, 조정환
책임운영 신은주 편집부 오정민 마케팅 정현수
용지 화인페이퍼 인쇄·제본 한영문화사 출력 경운출력
펴낸곳 도서출판 갈무리 등록일 1994. 3. 3. 등록번호 제17-0161호
초판인쇄 2006년 11월 1일 초판발행 2006년 11월 13일

주소 서울 마포구 서교동 375-13호 성지빌딩 101호
전화 02-325-1485 팩스 02-325-1407
website http://galmuri.co.kr e-mail galmuri@galmuri.co.kr

ⓒ 조성웅, 2006

ISBN 89-86114-93-3 04810 / 89-86114-26-7 (세트)
값 6,000원

★ 잘못 만들어진 책은 바꾸어 드립니다.

물으면서 전진한다

서문

이 땅의 밑바닥, 가장 어렵고 힘든 조건에서 인간다운 삶의 존엄을 위해 일어섰던 대공장 사내하청노동자들의 투쟁, 토목건축, 플랜트 건설노동자들의 투쟁, 기간제, 특수고용노동자들의 투쟁은 21세기 초입의 가장 절박하고 치열한 계급투쟁의 역사이며 민주노조운동의 향방을 결정하는 계급적 경계선이었다. 그만큼 노예적 침묵을 강요하는 자본의 노동유연화 공세에 균열을 내며 인간적인 빛으로 타올랐던 비정규직 투쟁은 프롤레타리아 문학의 정당한 지위를 요구할 수 있고 또한 마땅히 존중되어야 한다.

이번 시집은 울산 현대중공업, 이 죽음의 공장에 들어와 하청노동자로서 일하고 또한 노동조합을 건설하고 비정규직 투쟁에 참가하면서 희망을 품고자 했던 내 30대 초 중반의 삶과 투쟁의 기록이다.

하청노동자로서 당해야 했던 서러움과 분노의 정서로 싸웠고 하늘로 하늘로 올라 인간다운 삶의 집, 그 희망의 집을 짓고자 했던 치열했던 비정규직 투쟁의 한 시기가 마감되고 있다. 심장이 아프고 눈물이 솟구친다. 비록 이기지 못했지만 절망하지는 않는다. 투쟁의 거리와 현장, 함께 했던 동지들의 그 신뢰의 눈빛들, 따뜻한 함성들, 연대의 몸짓들이 희망의 내부를 가득 채우고 있기 때문이다.

유서 한 장 그럴 듯 하게 써 놓지 않으면 열사 칭호도 받지 못하는 타락한 노동운동, 현장 조합원들의 머리를 밟고 허공에 떠 있는 노동조합 집행 권력과 자본가계급과의 협력 관계, 노동조합 관료제의 법적 제도적 공고화. 이제 노동조합운동은 혁명의 지렛대가 아니라 부르주아 민주주의를 떠받치는 기둥이다. 더 이상 민주노조는 없다. 그 흔적만이 남아 있을 뿐이다.

그러나 전망부재의 이 비혁명기의 시간 속에서도 희망을 포기하지 않고 자기희생을 통해 인간다운 삶, 혁명을 꿈꿨던 열사들을 생각한다. 내 곁에서 투쟁조직가로서의 역할과 모든 사물에 대한 집요한 질문을 포기하지 않도록 가르쳐 주었던 박일수, 류기혁 열사와 나란히 노동자 출신으로 조선공산당 책임비서였던 차금봉을 비롯해 1930년대 조선공산당 재건을 위해 목숨 걸고 투쟁했던 경성트로이카, 경성꼼그룹 등 선배 혁명가들의 삶이 역사적 시간을 가로 질러 지금, 내 새로운 삶의 출발지에서 하나로 결합되고 있다. 강령과 전술 조직 노선 상에서의 오류에 눈 감지 않으면서도 이 땅(남과 북)에서 의도적으로 "삭제"되었던 선배 혁명가들의 삶 속에서 어떻게 살아야 할지를 배우고 자기희생을 통해 길을 열어가고자 했던 열사들의 삶 속에서 무엇을 해야 할지에 대한 희망을 찾고 있다.

단절과 계승의 경계 위에서 두 번째 시집을 펴낸다. 노동조합의 대표자가 되고 나서 투쟁을 호소하는 것 이외에 조합원 동지들에게 줄 것이 없어 많이 힘들었다. 하지만 내게도 줄 "선물"이 생겨 기쁘다. 그리고 지난 몇 년간 투쟁의 현장에서 만났던 모든 동지들에게 이 시집이 "위로와 격려"가 되었으면 좋겠다.

희망의 불씨로 내 심장에 살아 있는 소중한 동지, 손 내밀면 닿을 것 같은 박일수 열사와 류기혁 열사에게 이 시집을 바친다. 다시 "열사정신"은 노동해방이며 "열사정신 계승"은 노동해방을 위해 자신의 삶을 온통 거는 일이라 생각한다. 부끄럽지 않게 살아가자!

2006년 10월 13일 서른여덟 생일,
골리앗 크레인이 보이는 울산 동구에서
조성웅

차례

서문

1부 삶은 변한다

15 새싹에게 고맙다
16 함께 밥을 먹으면 정이 든다
18 잘려나간 손마디가 더욱 붉다
20 도장공의 피 속에는 신나가 흐른다
22 끝을 물고 이어지다
25 삶은 변한다
33 일어서는 하청노동자
36 하청노동자들의 마음은 모두 똑 같다
38 화장실 벽에 새겨진 하청노동자들의 마음
39 라인을 끊자
41 오늘, 울 엄니 이빨 하나가 또 부서졌다
42 내 투쟁의 심장은 살아있는가
44 입덧은 투쟁신호처럼 왔다
47 생명을 키우는 몸
50 환하게
52 밥과 투쟁
54 우리는 너무 많은 것을 허용하고 있다
56 내 친구 우석이
62 절망은 없다

합법적인 나날　67
투쟁이 투쟁을 부른다　70
다시 저 꽃 빛 속으로　72

2부 물으면서 전진한다

용수아이가　77
함께 한 만큼 내일입니다　79
정말 푸른 겨울 저녁　81
양정 나라　84
좌우명　86
탄환을 꿈꾼다　88
차이가 우리의 근육을 긴장시키고 살아있게 한다　90
나를 채우고 키운 것은　93
슬픔이 깊을수록 투쟁의 강도는 강하다　97
문 밖으로 나가는 아이　100
자본가들의 정치적 수다　102
이라크의 꿈 많은 소녀들은 부시도 후세인도 원하지 않는다　104
물으면서 전진한다　107
밥 한 끼의 정치　111
용감한 관료들과 어설픈 투사들　114
1.03평 독방에서도 난 꿈을 꾼다　118

121　오늘은 봄빛 좋은 어린이 날
123　꽃피듯 날아든 엽서 한 장
125　넉넉한 웃음
126　다가올 10년은

3부 죽음의 공장

131　우리는 죽어도 동지를 그냥 보낼 수 없다
134　한진중공업 가는 길
135　투쟁이 있는 곳에서 투쟁을 확대하라
138　죽음의 공장
140　죽어도 열사를 꿈꾸지 말라
143　흐린 날

4부 푸른 달의 궤도

149　저물녘, 은행나무 아래에서
150　내 사랑의 미풍
151　푸른 달의 궤도
152　섬끝 마을에서

가을좆이 봄보지에게   153
월곡동 산 1번지   155
빛이 쏟아져 들어오는 소박한 창문   156
그대에게 가는 일의 순서   157
2002년 12월 겨울나무   159
봄의 내부   160

5부 적빛의 매화꽃 향기

어느 친숙한 봄날에   165
투쟁 사업장의 아침   167
무장한 노동자군대   170
공장은 노동자의 것이다   172
그래 간이 배 밖으로 나왔다   175
하늘로 오르는 깃발   176
적빛의 매화꽃 향기   178

발문 · 정남영   183
노동의 분할을 넘어서 우리 모두의 하나됨으로

1부
삶은 변한다

새싹에게 고맙다

점심시간마저 도둑질 당했다 밥 먹자마자 일하러 나가면서 야외휴게실에서 자판기 커피를 뽑아든다 어느 듯 골리앗 크레인 근처로 봄이 오고 있지만 이 봄 기운을 깨버리는 관리자들의 지시, 통제의 목소리만 가득 찼다

봄빛처럼, 봄빛처럼 내게 새싹이 왔다 통제 속에서 얼마나 견뎠을까 누구 하나 희망을 품지 않는 곳에서 천천히, 그러나 흐르는 물결처럼 살아 움직였던 것들 새싹은 모든 살아 있는 기운을 불러 모은다 나조차 밝고 따뜻한 기운 속으로 불러들인다 나를 대하는 새싹은 참 친절하다 봄빛처럼, 봄빛을 품은 새싹처럼 나도 강해지고 싶다 문득, 새싹에게 고맙다

함께 밥을 먹으면 정이 든다
— 나의 하청동료들에게

진이 빠진 노동자들이 식당 앞에 길게 늘어섰다
쇳가루처럼 검고 단단한 얼굴들

관리자들은 식당 앞의 노동자들을 12시 정각까지 정지시킨다
밥알 같은 서러움이 목구멍을 꽉 막아버린다

싸락눈 나려 눈가에서 녹는다

페인트 묻은 얼굴과 손에 묻은 쇳가루를 닦으며,
산발한 머리카락을 훔치며
신협이가, 상홍이가, 수덕이가 밥을 먹는다

미친 듯이 밥을 먹다가 마주치는 눈빛들
한꺼번에 웃는다
이 따뜻함을 몸은 안다

이 따뜻함이 우리를 강하게 할 것이다
파김치가 된 몸으로
미친 듯이 밥을 먹다가 함께 웃는다

죽음에 직면한 육체에서 피어나는
이 웃음, 웃음
절망보다 강하다

잘려나간 손마디가 더욱 붉다

아침 출근 버스 안
손가락 마디 7군데가 잘려 나간 늙은 노동자를 보았네
엄지손가락 하나 남은 오른손
손잡이를 간신히 잡고 있네
버스가 흔들릴 때마다 몸 전체가 위태했네
참혹한 고통이 지난 이후에도
살아남은 몸은 일자리를 찾아 헤맸네

늙은 노동자 잘려나간 손마디가 더욱 붉네
잘려나간 손마디의 통증처럼
그라인더 공의 아침, 굳어진 손 마디마디의 통증이 닮아 있네
저 잘려 나간 붉은 손마디가
인간과 일하는 소 사이의 중간쯤에 위치하고 있는 하청노동자의
서러움과 분노를 닮아 있네
힘줄이 팽팽하게 당겨지네

늙은 노동자 부끄러이 손 감추지 않았네
눈빛 하나 흔들리지 않았네
조용하다고 분노가 없겠는가
조용하다고 희망을 잃었겠는가

안타깝게 바라보는 눈빛을 오히려 부끄럽게 하는
허튼 구석 하나 없는 저 몸짓 속에서
마지막을 미리 생각하지 않는 노동자의 자존심이
새살처럼 자라나고 있었네
고통의 내면까지 닮아 버린 우리는 하나
현장으로 출근하는 내 가슴에
잘려 나간 손마디, 붉은 마음이 들어차네

도장공의 피 속에는 신나기가 흐른다
— 주식이형에게

오늘도 아내는 철야를 하는구나
아이들은 엄마를 기다리다 잠이 들고
자정이 지나도 아내는 돌아오지 않는다
사고는 나지 말아야 하는데
제발 그래야 하는데

새벽녘 파김치가 되어 돌아온 아내는
폭, 쓰러져 형의 품에서 잠이 든다
가쁜 들숨과 날숨
신나 냄새가 진동을 한다
도장공의 피 속에는 신나기가 흐른다
처녀들은 눈 씻고 찾아봐도 없는 도장공 터치업 아줌마들
아내의 굳어진 몸을 주무르면서 형은 새벽을 맞는다
이게 사람이 할 짓인가
선주들은 진수식 붉은 샴페인을 노동자의 피로 대신하고
관리자들은 우리가 다치고 병신이 되고 죽어나가든 상관하지 않는다
검사 날짜만이 중요할 뿐이다

아이들 잘 키워보자고 하는 짓인데

아이들과 함께 놀아 줄 시간도 없다
맞벌이를 해도 보험 적금 아이들 교육비 빼고 나면
한 달 살기도 빠듯하다
오늘도 이 반장 새끼는 검사시간 맞추라고 사람들을 잡겠지
빨리 빨리 싸게 싸게
쉴 틈 없이 일을 하다 보면 또 그렇게 한 사람이 앰뷸런스에 실려
나간다

중이 절이 싫으면 떠나라고 했던가?
하지만 한 번 그만두면 6개월은 다른 업체에 취업하지 못하는데
어쩔거나
미포조선에 가볼꺼나
아니면 거제도 대우나 삼성으로 가볼꺼나
하청 신세에 싸움은 멀기만 한데
곤히 자는 아이들의 도시락을 싸는 형의 눈빛은 핏빛이다
죽음처럼 잠든 아내의 고단한 몸을 일으키는 형의 눈빛은 핏빛이다

끝을 물고 이어지다

현대중공업 원청 김과장은 아침부터 지랄발광이다
납기 기간 못 맞추면 다 죽는 줄 알아
선주에게 하루 수억 원 씩 물어내는 돈을 당신이 대신 낼 거야
하청 업체 이반장은 고개도 들지 못한 채 얼굴이 벌개 진다
오늘 철야를 해서라도 내일까지 검사 받도록 해
이 반장은 사람들을 불러 모아 놓고 잔뜩 굳은 얼굴로 철야를 강요 한다
우리 소 같은 승훈이 형님 마다하지 못하고 다 죽어 가는 목소리로
사람이 없는데 어쩔 수 있냐
이 반장은 야-아 이번 달 돈 좀 되겠는데
사람들 속을 뒤집어 놓는다

배 안 탱크 바닥, 앞이 보이지 않는 독성 강한 페인트 분진 속에서
잔업, 철야로 일하다 보면
내 몸이 내 몸이 아니다
정말 살아있기나 한지 감조차 희미해진다
일자 사다리, 맥이 빠져 난간을 잡고 올라오는 손이 저절로 풀린다
이대로 두 손을 놓고 싶지만 사람 목숨이라는 것이 어디 그런가
난간에 매달려 두 손 꼭 잡고 한참을 기다린다
자정 부근, 탱크 맨홀 뚜껑을 열고 나오면

하, 둥그런 달이 떠 있네
둥그런 달빛 아래 둥그런 달빛처럼 둘러앉아 담배를 피운다
페인트 분진에 새까맣게 탄 똑같은 얼굴들
거울이 필요치 않다
이렇게 살아도 되는 것이냐
담배 한 배 피우자마자 일하고 밥 한 끼 먹자마자 일하고
눈뜨자마자 다시 일하고
도대체 이게 사람 사는 것이냐
시발, 완전히 사람 잡네 잡아

잔잔한 파도에 실리는 둥그런 달빛
도대체 이게 사람 사는 것이냐
끝을 물고 이어지는 질문들
멈추지 않는다
다른 업체로 옮겨 보면 어떨까
그러나 뭐가 달라질 것인가
언제 죽을지, 언제 짤릴지 모르는 하청 신세
노동이 따뜻한 생활도, 친절한 관계도 되지 못하고
더더구나 창조가 아니었을 때
밤새도록 울분을 술로 달래다 출근한 아침

에어 맨을 쓰다 말고 다 게워내고 난 후의 퀭한 눈빛
더 이상 이렇게는 못 산다!

잔잔한 파도에 실리는 둥그런 달빛
자기 몸으로 선을 그어 길을 낸다
한 번 솟구치면 반드시 끝장을 보고야 말
그 누구도 막을 수 없는 물결이
끝을 물고 이어져 온다

삶은 변한다

하루 종일 불안하다

몸이 너무 아파 무단결근 한 날
새벽까지 분노로 찌들다가 숙취에 끝내 일어나지 못하고 무단결근한 날
오늘은 정말 일하기 싫어서 무단결근 한 날
하루 종일 불안하다
무엇을 해도 검은 그림자처럼 불안은 몸에 붙어 떨어지지 않는다
굳어진 반장 얼굴은 공포다
다음날 출근 시간
사무실 앞까지의 발걸음은 천근만근이다
반장에게 한 소리 듣고 나서야 비로소 속 편해지는
이 불안은 정신병이 아니다
어느 날 예고도 없이 밥줄 끊겨야 하는
두려움이다

씨발, 담배 맛은 더럽게도 좋네

중학교 다니는 아이가 있는 석수 형님이
반장 앞에서, 동생들이 보는 앞에서

무단결근의 죄 값을 단단히 치르고 있다.
초등학교 아이가 선생에게 혼이 나듯
푹 숙여진 고개는 들리지 않는다
팀장도 손가락질을 하며 거든다
자꾸 이 딴 식으로 하면 함께 일 못한다
우리 석수 형님
뒤돌아서면서
개새끼들. 정말 좆같네
씨발, 담배 맞은 더럽게도 좋네

등판엔 온통 부항자국

월말 시급 계산서가 나오면
모두들 이번 달 얼마나 일했나 목이 빠진다
일하는 소, 승훈이 형님
모두들 야! 400시간이 넘네
이번 달 돈 좀 되겠는데
부러워하지만
목욕탕에서 본 승훈이 형님 등판은 온통 부항자국뿐

.미포만은 말이 없다

용접공인 만석이 형님
허리디스크로 산재신청을 하려고 할 때
업체에서는 증인을 매수하여 산재를 못 받게 했다
일하다 허리디스크가 생겼다는 증거가 없다는 것
중공업 박 부서장님 무재해 표창장 받고 이사로 승진해야 하기 때문
억울하고 분하고 서러워
우리 만석이 형님 업체 대표 앞에서
산재 요구하며 독극물을 마셨다
하나 남은 목숨으로 산재를 요구할 수밖에 없는 현실
산재승인을 하면 전산 클레임에 걸려 중공업에 다시는 취업하지 못하는 현실
눈도 감지 못하고 쓰러진 만석이 형님이 마지막 본 미포만은 말이 없다

통제는 계속 된다

일 끝나고 파김치가 된 몸은 몽둥이로 두들겨 맞은 듯이 아프다

그래도 퇴근시간이 되면 하청 노동자의 몸은 기대감으로 달아오른다
오늘 하루도 무사히 마쳤다는 안도감보다
관리자들의 통제로부터 벗어났다는 해방감
그러나 막상 중공업 출입문을 나서면 갈 곳이 별로 없다
스스로의 의지에 의해 1차, 삼결살로 폐에 쌓인 분진을 씻어낸다
— 술기운이 달아오르고 고작 반장 총무새끼 욕하는 것뿐인가
스스로의 의지에 의해 2차, 생맥주로 목마름을 가신다
— 아무리 하청이 좆같아도 그라인드공 최고라는 자부심이 자신을 버틸 수 있는 유일한 위안인가
스스로의 의지에 의해 3차, 노래방으로 간다
— 같이 몸 파는 주제에 좆 달린 것이 뭐 그렇게 대단하다고 삐삐 아줌마를 사는가?
스스로의 의지에 의해 4차, 룸으로 간다
— 잔업이 사라지고 생활임금이 쟁취되는 그 날은 좋기야 좋겠지만 꿈일 뿐
관리자들에겐 말 못하고
관리자들에게 맞서 싸우지 못하고
얼굴이 벌게 가지고 부르는 소양강 처녀
지난 밤, 쏟아졌던 그 많은 분노들

숙취 속에 사라지고
카드 값 갚기 위해 일요일 특근, 철야도 마다하지 않는다

삶은 변한다

우리 집 3층에는 아내가 다니던 현대자동차 하청업체 소장이 살고
그녀의 남편은 현대자동차 직영이다
집 두 칸을 터서 한 칸으로, 널찍하게 살고 있다
아내는 입사 초기 하청업체 관리자를 집 앞에서 보기가 껄끄러워
소장을 피해 출퇴근해야 했다

언니라고 부르라고, 사근사근, 새콤달콤, 달짝지근 거리던 업체
소장
크리스마스이브 날, 성탄 선물처럼 아내에게 정리해고를 통보 했다
이렇게 앉아서 당할 수만은 없지
업체 친구들과 집에서 보기로 한 날
소장은 친구들에게 일일이 전화 해
아내를 만나면 해고시키겠다고 협박했다
누가 이기나 해보자
이 악물고 아내가 출근하자 소장은 이미 해고되었으니 나가라고

했다
"한 번 끌어내 봐라. 시체 치우게 될 것이다"
소장은 대, 소위원 지지 성명서를 받으려는 라인까지 따라와서 방해하려 했다
한 소위원에게 "쓰레기 같은 짓 하다가는 몰매 맞는다"
한 소리 듣고서야 사라졌다
소장은 예상과는 다르게 일이 커지자
"차라리 내가 그만 둘게, 제발 조용히 좀 있어라"
애원 반, 협박 반 썩어가며 악어의 눈물을 흘렸다
"구역질나니까 꺼져라"

우리 집 3층에 사는 아내 업체 소장은
아내가 아침 출퇴근 피케팅 하러 나가는 시간을 피해 출근한다
한 날은 집 앞에서 만났는데, 기어 들어가는 목소리로
"미안하다"란 말과 함께 허겁지겁 3층으로 사라졌다

그렇다
삶은 변한다

울산은

울산은 ― 노동운동의 1번지, 노동자 도시라고 하지
그런데 말이야
다 한 물간 옛날 얘기
이제 울산은 새롭게 규정되어야 한다
집주인은 직영
사글세를 사는 사람들은 하청
직영 특근 네 대가리가 하청 한 달 월급을 넘어서는
1층과 3층의 높이만큼이나
직영과 하청은 생활적으로 갈라서 있다
하청은 직영들의 고용의 방패막이
울산은 ― 이제 타락한 노동운동의 1번지, 노동자 분열의 도시, 노조관료들의 천국

그러나 두드러지지 않지만 작고 조용한 싸움들
직영과 하청의 분리를 깨는 싸움들
관료적 통제를 깨는 싸움들
아직 패배하지 않았다
다만 예전 보다 조금 더 힘든 조건, 어려움에 처해 있다는 것을

알고 있다
그러나 돌아가지 않겠다
아니 돌아갈 길이 없다
투쟁 조건이 갈수록 힘들어지고
동지마저 떠나고
조합원들조차 침묵하고 있을 때
투사가 되는 법을 아는 것
부서에서, 라인에서, 과에서
말이 아닌 실천의 몸으로 일어서는 사람들
단결의 선들을 횡으로, 종으로 짜는 사람들
다시 사람들을 불러 모으고
깃발을 올리는 사람들
― 이름을 조용히 부르면 부를수록
내 몸은 따뜻해진다
우리는 함께 일하고 함께 밥 먹고 함께 성장 한다

일어서는 하청노동자
— 고 박일수 열사의 소급분 쟁취 투쟁 승리에 대한 보고

이마 밖이 찢어져도, 피가 눈물처럼 흘려내려도
아무 일 없다는 듯이 몇 방울 꿰매고 곧바로 출근했다
인상부터 구겨지는 업체 총무새끼 낯짝 보기 싫어
산재, 아니 공상처리는 입 밖으로 나오지 못했다
한 푼이라도 더 벌어야 한다는 생각은 순종이라는 것을 안다
그러나 어쩔 수 없지, 하청, 하청 주제에 억울하면 직영되지

업체에서 나온 비누각 세트 달랑 들고 고향으로 가는 발걸음 무거워도
의례히 하청이니까 참았다
목장갑을 빨아 끼고 찢어진 피스복을 테이프로 붙여 입어도
의례히 하청이니까 참았다
짤리지 않기 위해 이 눈치 저 눈치 보며 알아서 기었다
억울하고 분통이 터져도 군소리 한 마디 못했다
조선업종 최고 호황 속에서도 다치고 골병들고
정말 군소리 한 마디 못하고 개 값으로 죽어 나가는 하청 노동자들
참는데는 도가 튼 사람들

참는데는 도가 튼 사람들
그러나 이 죽음 같은 노동이, 숨구멍을 틀어막는 통제가, 이 절망

공장이
우리를 변화시킬 것이다
하루하루 생각할 수 있고 분노하고 있으며 판단하고
스스로 행동할 줄 아는 사람들
그렇게 봄은 거대한 고철 덩어리 같은 절망에 균열을 내며 왔다

새싹들이 일제히 꽃을 피우 듯
일당직 하청노동자들이 소급분을 받기 위해 일어섰다
정말 짤릴 각오를 해야 했고 처음에는 스스로를 믿지 못했다
조선소밥 처음 먹을 때처럼 조심스럽고 긴장됐다
그렇게 하청동료들이 많이 모일 줄 몰랐다
한 사람 두 사람 세 사람이 용접 비드처럼 연결되었다
한 사람 한 사람이 깃발처럼 탈의장을 점거하고 작업을 거부했다
스프레인 건에서 페인트가 뻗어나가는 압력처럼 소급분을 달라고
요구했다

업체 사장 놈 빼째라고 했다
직영 관리자놈들 업체 들어낸다는 협박을 했다
하청노동자들이 처음으로 뭉쳤다 끝까지 간다
시간이 가면 갈수록 똥줄 타는 것은 업체 사장놈 직영 관리자놈들

"직영 새끼들 때려잡아 놨더니 하청 놈들이 뭉쳤다
일 커지게 하지말고 소급분을 줘라"
직영 관리자놈들이 먼저 손을 들었다
하청노동자들이 처음으로 뭉쳤다
생애 처음으로 자랑스러웠다
하청도 뭉치면 할 수 있다는 자신감
체념을 넘어 쟁취한 우리의 소중한 성과
이제 우리는 더 높이 더 멀리 나아갈 것이다

하청노동자들이 처음으로 뭉쳤다 끝까지 간다
이제 저주스런 하청 노동자의 이름에 무덤을 판다
일어서는 하청노동자
일어서는 하청노동자의 전투적인 손은
가장 먼저 단결을 배울 것이다
일어서는 하청노동자의 전투적인 발은
가장 먼저 연대 위에 첫 발을 놓을 것이다
87년 노동자 대중파업으로부터 일어서는 하청노동자
동트는 미포만의 새벽을 딛고 일어서는 하청노동자
마침내 노동해방의 첫 노래로 일어서는 하청노동자

하청노동자들의 마음은 모두 똑 같다

우리 하청노동자들
우리 하청노동자들, 노조 만들 때 함께 나서서 싸웠고
우리 하청노동자들, 위장 폐업, 물량 철수, 전원 블랙리스트 공포를 체험했고
우리 하청노동자들, 노조 만들어지자 기다렸다는 듯이 가입했고
우리 하청노동자들, 한참을 망설이다가 소주 한 잔에 용기를 내 가입했고
우리 하청노동자들, 노조사무실 근처에서 몇 번씩 망설였지만 사무실 문 열기가 어렵고
우리 하청노동자들, 마음은 굴뚝같지만 처자식들 눈앞에서 어른거리고
우리 하청노동자들, 이제 한 번 붙어 보자 일어서고 싶고
출퇴근 투쟁 때마다,
우리 하청노동자들을 볼 때마다 설렌다
시키면 시키는 대로, 주면 주는 대로
정말 죽을 동 살동 일만 해온 서러운 하청 세월
왜 이렇게 닮아 있는지
척 보면 하청인지 서로가 안다
자기 밥그릇 지키기 위해 서러움을 나눠가졌고
자기 밥그릇 지키기 위해 비굴함조차 나눠가졌고

다시 자기 밥그릇 지키기 위해 정말 죽을 것 같은
고통을 견뎌내는 강인함까지 나눠가졌다

우리가 가만히 있으니까 가마니로 안다고
사람이 기를 펴고 사는 것이 돈 몇 푼 더 받는 것보다 중요하다고
내 밥그릇 내가 지키겠다고
다시 일어서는 우리 하청노동자들

화장실 벽에 새겨진 하청노동자들의 마음

일손 멈추고 잠시 화장실엘 갔네
벽에 쓰인 낙서
― 비정규직 노조 반대한다. 일이나 해라. 미친놈들 아이가

화장실 벽에 쓰인 낙서들은 전투 중

― 너 관리자지 이 XXX야
― ....
― 비정규직 차별하면 반드시 대가를 치룰 것이다

화장실 벽에 새겨진 하청노동자들의 마음
사내하청노동조합을 욕하는 것은 결코 용납할 수 없는 마음
진하게 새겨져 있다
― 하청들이 뭉치면 현대중공업이 뒤집어 진다 빠팅!!

라인을 끊자

— 현대자동차 비정규직 노동조합 선봉대 동지들에게

라인을 타고 라인을 타고
300시간 400시간 500시간
잔업 특근 철야
몸 버리고 속 버리고
툭 하면 나가라는 소리에
이 눈치 저 눈치
찍 소리 내지 못했던
하청노동자

더이상 이렇게는 못 살아
하청노동자도 인간이다
인간답게 살고 싶다

머뭇거렸던 발걸음도 사라지고
두 달 사이에 목소리 톤이 굵어지고 눈빛이 달라진 동지들
대가리가 깨지더라도 내가 먼저 선두에 서겠다는
선봉대 동지들
목숨처럼 지키는 깃발
우리의 깃발맨 동지들
투쟁은 여기서부터 출발 한다

단결은 여기서부터 강화 된다
목숨처럼 사수하는 깃발
목숨처럼 배워가는 단결
이제 결전을 준비하는 현자 비정규직 노동조합 선봉대 동지들

라인은 끊어야 맛이다
누가 뭐래도 라인을 끊자 라인을 끊자
구속, 해고, 손배가압류 두려움을 끊자
— 흩어지면 죽는다 우리 하나 되어 뭉쳤다
우리의 단결로 다시 투쟁 라인을 연결하고
종으로 횡으로 단결을 강화하라
우리는 생애 처음으로 단결을 배웠고
단결 속에서 투쟁을 배웠으며
또 다시 투쟁의 파고 위에서 단결을 강화할 것이다
라인은 끊어야 맛이다
누가 뭐래도 라인을 끊자 라인을 끊자
구속, 해고, 손배가압류 두려움을 끊자

오늘, 울 엄니 이빨 하나가 또 부서졌다

오늘, 울 엄니 이빨 하나가 또 부서졌다
아들은 현대중공업 하청노조 활동한다고 코빼기도 안보이고
며느리는 현대자동차 비정규직노조 활동한다고 코빼기도 안보이고
서운함처럼 앞 이빨이 시커멓게 썩어 가는데
바보처럼 웃으신다
손주 안고 바보처럼 웃으시는 울 엄니
내 어금니가 아프다

내 투쟁의 심장은 살아있는가

대구에서, 대전에서 아내와 아이가 있는 나이 50의 사내들이
먼 객지 울산에 내려와 하청업체에서 일당 6만원을 받고
그것도 용역비까지 때이면서 일해야 했던 하청의 재하청인 사내들이
안전교육도 제대로 받지 못한 채
크레인 바스켓을 타고 지상 50m에 선 사내들이
얼마나 다리가 떨리고 두려웠을까
아내와 아이들을 생각하며 이 악물며 견뎠을 것이다.
관리자들에 찍히기 싫어서 아무리 힘하고 억울하더라도 군말 없이 일했을 것이다
그렇게 개보다 못한 삶을 살다가 두 사내가 지상 40m에서 떨어서 죽었다

영안실에서 한 업체 동료가 술이 떡이 되어서 내 멱살을 잡고 운다
"하청들 다 죽어 가는데 위원장이란 놈이 뭐하고 있냐"고 엉엉 운다
제일 고통스러운 건 줄 것이 별로 없다는 것이다
제일 고통스러운 건 함께 투쟁을 조직하지 못하는 것이다
김주익 열사가 그랬을까?
조합원에게 목숨을 맞기고 지프크레인에 올라가도

현장은 조용했다
이제 줄 것이 목숨밖에는 없었는가
목숨으로도 조합원들을 살리고 싶었는가
그냥 내려오면 조합원들에게 해줄 것이 없어서
그게 싫어서
모두가 볼 수 있는 제일 높은 곳에서
투쟁의 심장이 되어
영원히 살고 싶었는가
이 땅의 모든 노동자들을 살리고 싶었는가

이제 목숨조차 눈물을 부르지 못하고
이제 목숨조차 단격을 부르지 못하고
이제 목숨조차 투쟁을 부르지 못하고
오히려 침묵을 만들고
오히려 체념을 만드는
새로울 것도 없는 갑신년 새해
과연 내 투쟁의 심장은 살아있는가

입덧은 투쟁신호처럼 왔다

하청 노동자인 아내가 정리해고 당한 날
아내는 입덧을 시작했다
그랬다. 입덧은 투쟁 신호처럼 왔다
난 태어날 아이를 위해서라도 무조건 축복 받은 투쟁이라고 말하고 싶었다

오늘은 출입통제 당한 아내가 첫 출근 선전전을 하는 날
자판을 두드리는 아내의 손길 따라 새벽이 왔다
난 김치볶음밥을 준비했다
김치냄새를 맞기도 싫어하던 아내는 용케도 김치볶음밥을 맛있게 먹었다
고맙다는 단어가 있다는 것이 정말 고마웠다
그런데 해줄 수 있는 것이 고작 김치볶음밥인가
난 사랑을 알기 전에 눈물부터 배웠다
문을 열고 나가는 아내 품 속, 유인물
신념이 길을 열어갔다
아내의 환한 웃음이, 그 첫걸음이 내 투쟁 전술이었다
아내 품속 사상이 내 깃발이었다

다람쥐처럼 방안을 맴돌다가 까짓, 블랙리스트가 문제인가

모자 깊게 눌러 쓰고 아내의 첫 출근투쟁 장소로 간다
새벽 공기가 비수처럼 차다
: 노동조합은 정당한 정리해고이기 때문에 어쩔 수 없다고
한다 정규직 노동조합이 도장 찍은 고용안정합의서는 살
인기계다 하청 노동자의 모가지가 합법적으로 잘려 나간
다 대의원들이 사측과 거래한 맨아워 협상은 살인기계다
라인속도가 떨어질 때마다 하청 노동자들의 모가지가 합
법적으로 잘려나간다 손에 피가 마르기도 전에 대의원들
은 사측이 준비한 룸살롱으로 가고 조합원들조차 하루살
이로 퇴근한다 투쟁은 안 되고 사측 관리자들의 룸서비스
기술만 늘어간다 이제 노동운동의 역사도 룸에서 이루어
지는가? 실리파건 국민파건, 중앙파건, 민주파건 룸으로
간다 룸으로 가는 길은 노동조합 집행권력에 이르는 길이
다 종파의 이해는 조합원들의 머리를 밟고 서 있다. 투쟁
은 유인물 활자 속에서만 살아있다 한 달에 열 번 룸에 간
것 보다 딱 한 번 간 것이 건강함의 기준이 된다 양심 있
는 현장 활동가들은 왕따 당한다 네가 얼마나 깨끗한지
어디 한 번 두고 보자, 대, 소위원이 되고 싶어도 현장조
직에 가입하지 않으면 말짱 도루묵이다 노동조합, 대의원
들의 계산은 이미 끝났다 대의원 선거에 악영향을 미친다

다른 업체 취업 시켜 줄 테니 일 커지게 하지 마라

아내는 품속에서 유인물을 꺼내 돌리고 있었다
유인물이 손에서 손으로 전달되는 순간
눈빛은 격려가 되고
몸짓은 연대가 된다
유인물 한 장 버려지지 않는다
노동자는 하나다
정규직, 하청노동자 단결하여 '정당한' 정리해고 박살내자
버스를 기다리면서 정규직 조합원들과 하청 노동자들은
아내의 첫 출근투쟁처럼 유인물을 읽고 있었다
아내는 정규직 조합원들과 하청 노동자들을 연결하는 투쟁 끈으로 살아 움직였다

생명을 키우는 몸

입덧 지나자 새싹이 돋고
아내 몸이 더욱 둥그레졌습니다.
둥근 몸 전체가 짠 소금기였습니다.

아내가 정리해고에 맞서 투쟁하자
현대자동차는 하청 업체 들어낸다는 협박을 했습니다
함께 일하는 하청노동자들 달려와
"언니 때문에 우리 모두 죽을 수는 없잖아요"
아내는 집에 돌아와 이틀 밤낮으로 울었습니다
그 눈빛이 무서웠다고 엉엉 울었습니다
그러나 그 눈빛을 피하지 않았다고 엉엉 울었습니다

이 악물었습니다
혼자 피케팅을 하다가도 입덧을 심하게 하던 아내였습니다
다 게워내고 난 젖은 눈빛으로 다시 피켓을 잡던 아내였습니다
젖은 눈빛 곧바로 살얼음이 끼는 겨울바람 속의 아내였습니다

현대자동차 정규직 대의원 대회장
전 공장에 배포할 유인물에 기명해줄 수 있는,
나아가 함께 고민하고 토론하고 싸워 줄 대의원들을 찾아 헤맸습

니다
물론 대의원 대회장에서 아내는 하나의 이슈였지만
그것으로 끝이었습니다
오히려 그런 식으로 대의원들 욕먹이느냐고 항의 전화가 답례로
왔습니다

이제 비정규직 문제를 거론하지 않으면 활동가 취급도 못 받지만
그렇다고 현장에서 비정규직 투쟁을 조직하려는 활동가는 꼴통
취급 받습니다
하청비율 16.9%, 고용안정협약서에 도장 찍자마자
하청 공장으로 가는 문이 활짝 열렸습니다
사측과 각 공장 대의원들이 협상하고 도장 찍는
맨아워 협상에 따라
하청노동자들의 목숨 줄이 왔다 갔다 했습니다
더렵혀진 손은 부끄러워 할 줄 모릅니다
노동자는 하나다
민주광장 앞에 설치된 플랭카드는
볼품없게 낡았습니다

입덧 지나자 새싹이 돋고

아내 몸이 더욱 둥그레졌습니다
둥근 몸 전체가 관계를 엮어 가는 방법이었습니다

아내의 둥근 몸은 생명을 키우는 몸입니다
아내의 둥근 몸은 새로운 관계를 키우는 몸입니다
아내의 둥근 몸은 현장에서의 새로운 질서를 키우는 몸입니다
생명을 키우는 몸, 공동전선입니다

환하게
— 울산지역 건설플랜트 노동조합 동지들

머리가 희끗희끗한 나이 60의 늙은 노동자가
종하체육관 입구 테이블 위에 놓인
울산지역 건설플랜트노동조합에 가입원서를 쓰고
결성보고대회장 문을 열고 들어간다
입구에서 나눠준 머리띠를 받아 들고
— 나 같은 늙은 노동자도 이런 걸 주능교
— 물론입니다. 머리에 매십시오
머리띠를 받아 든 나이 60의 늙은 노동자가
환하게
환하게
생애 처음 같은 웃음을 짓는다

나의 60의 늙은 노동자가 머리띠를 어색하게 맺는데
단결 투쟁 글씨가 귀 근방으로 가 버렸다
옆에 있는 동료 조합원이
환하게
환하게 웃으면서
— 워따 형님 이게 뭔교
머리띠를 바로 매준다
환하게

환하게
나이 60의 늙은 노동자가 웃는다
어깨 툭 치면서 함께 어깨 건다

나눠준 노래가사, 철의노동자를 따라 부르면서
불끈 쥔 손도 어색하게 뻗어보면서
환하게
환하게
나이 60의 늙은 노동자가 웃는다
— 건설노동자도 인간이다 인간답게 살아보자
환하게
환하게
생애 처음 같은 웃음으로
나이 60의 늙은 노동자가 마디 굵은 손을 뻗고 있다

밥과 투쟁

밥 짓는 일도 투쟁이다
들통에 대파, 마늘, 돼지고기, 고추, 김치, 두부를 넣고 끓이다가
소금 간 하고 다시다 조금 넣으면 100인분 김치찌개가 만들어
진다
밥 짓는 일이 따로 있는가
동지에 대한 정성이 푸짐하면 손맛은 저절로 난다
들통에 가득한 김치찌개, 김이 모락모락 나는 그 따뜻한 국물 한
그릇
사람을 대하고, 세상을 대하는 정성이 이토록 푸짐한 우리 밥 짓
는 동지들
그 마음 한 그릇이면 한 겨울도 무섭지 않다
자본의 모진 칼바람, 탄압도 거뜬하다
맛으로 사람을 행복하게 해주는 투쟁 사업장
우리 밥 짓는 동지들

맛있게 먹은 밥 한 끼
든든한 속
목장갑 끼고 쇠파이프를 잡은 손에 힘이 들어간다
전투 치르러 나가는 동지들
한 판 힘 있게 싸워 볼만하다

맛있게 먹은 밥 한 끼가 가장 뛰어난 선동이 될 수 있다
맛있게 먹은 밥 한 끼가 가장 뛰어난 시와 노래가 될 수 있다

밥 짓는 일이 따로 있는가
동지에 대한 정성이 푸짐하면 할수록 손맛은 저절로 난다
맛있게 먹은 밥 한 끼
든든한 속
한 판 멋지게 싸워 볼만하다

우리는 너무 많은 것을 허용하고 있다

한국노총에서 민주노총으로
상급단체를 변경 한 지
채 3년이 되지 않은
연맹 사업장 정기대의원 대회
깨끗하게 작업복을 갈아입은 조합원들을 사이에 두고
민주노총, 금속연맹, 금속노조 본부장들
각 단사 위원장들
민주노동당 총선 후보가 좌측으로 앉아있고
우측으로는 사업장 대표이사와 중역들이 앉아 있다
단결투쟁가가 울려 퍼지는 가운데
노사화합상 시상식이 진행 된다
사업장 대표이사가 조끼를 입은 조합원들에게
노사화합에 기여한 지대한 공로를 취하하고 있다

좌측에서 박수소리가 울려 퍼진다
우측에서 박수소리가 울려 퍼진다

무재해 목표 달성 시간 30만 시간
조합원들이 골병들고 있다
국회 앞에서 백 번 시위하는 것보다

국회의원 한 명이 났다는
총선 공약 앞에 합법적으로
합법적으로
노동자들의 정리해고 기준이 마련되고 있다

좌측에서 박수소리가 울려 퍼진다
우측에서 박수소리가 울려 퍼진다

대의원대회가 끝나자마자 조합원들은 서둘러
식당 앞에 길게 줄을 선다
내외빈들은 노동조합이 미리 준비한 귀빈 식당으로 간다
길게 늘어선 조합원들의 얼굴빛이 젖은 삭업목처럼 피곤하다
저 젖은 눈빛에 가 닿지 못하고
우리는 너무 많은 것을 허용하고 있다
결코 화해할 수 없는 경계선이 무너지고 있다

내 친구 우석이
— 계급으로 회복하라

두 손 어깨춤까지 올리고
어깨 으쓱되며
아! 아알~제

한국 야쿠르트 다니다 처남의 소개로 현대중공업 직업훈련소에
들어간 내 친구 우석이
니기미 월 300만원 번다고 때려치우고 왔는데 기본급이 70만원
오우 뚜껑 열리는 거
알~제

현대 중공업 노래마당 회원이든 내 친구 우석이
노래로 운동을 처음 시작한 내 친구 우석이
취부공이었던 내 친구 우석이
하도 오함바 질을 해 양 어깨에 담석이 걸려도
조합원들 떠나기 싫어 산재신고도 내지 않던 내 친구 우석이
젊은 대의원이었던 내 친구 우석이
효성 공장점거파업 때 사수대에 참가한 내 친구 우석이
티나게 싸우다 진압부대에 찍혀 허벌나게 두드려 맞고 구류 살고
나왔던 내 친구 우석이
나오자마자 다시 쇠파이프를 잡은 내 친구 우석이

화염병이 날고 진압조가 쳐들어와도 쇠파이프 하나 잡고 버티던 내 친구 우석이
사실 좃나게 무서웠다고, 정말 부끄럽다고 쓴 소주를 들이키든 내 친구 우석이
노사협조주의 노조 집행부에 대한 폭로와 잠정합의안 부결투쟁을 조직했던 내 친구 우석이
혹독한 겨울 추위와 바람,
목장갑 낀 손에 감각이 없을 때까지 유인물을 접고 또 접고 한 사람이라도 더 유인물을 나눠주려 몸을 움직였던 내 친구 우석이
방어진의 찬 바닷바람이 턱을 얼어붙게 하여도 피케팅과 중식선동, 목욕탕, 커피자판기, 식당 등에서 부결 투쟁을 선동했던 내 친구 우석이
어용대의원들과 사측 관리자들이 노동자들이 일하는 시간에 개고기 파티 한 것을 폭로하고
현장통제에 맞서 투쟁을 조직하던 내 친구 우석이
무쟁의 청산, 현장권력 쟁취를 위해 자기희생을 통해 길을 열어갔던 내 친구 우석이
청년노동자회 1기 의장이었던 내 친구 우석이

여러분

알~제

내 친구 우석이가 떠나갔다
잘 나가던 옛날 팔아먹고 허명 팔아먹고 그래도 민주 활동가라고
지껄이는 타락한 중공업 선배들 생각하면
구토가 난다고
중공업 쪽으로는 다시는 오줌도 누지 않겠다며
내 친구 우석이가 떠나갔다
꼴통 새끼 한 명 없어져 중공업은 앓은 이 뽑았지
아마 다시는 중공업에 취업 못하겠지
네가 떠난 자리, 이 뽑힌 자리 잇몸처럼 허전했지
중공업 운동이 한 몇 년 물 건너갔지

그러나 우석아
네가 애써 외면했던 바로 그 자리,
조합원들, 하청노동자들은 너처럼 떠나고 싶어도 갈 곳이 없다는 것이다
곧 죽어도 중공업에서 살고 사랑하고 새끼 낳고 투쟁할 수밖에 없다는 것이다

이제 너보다 더한 고통 속에서, 네 몫을 다른 동지들이 할 수밖에 없다는 거
이제 조합원들은 너보다 더 실천적이고 더 계급적이고 더 성실해야만 그 모습을 믿어준다는 거
우석이 이 나쁜놈아
알~제

넌 침묵하지도 그렇다고 타협하지도 못하고 뚝 분질러졌다
난 너의 곧은 모습이 때로 불안했다
난 구부려져 곡선을 이루는 부드러운 힘이 좋다
구부러진다는 것은 변절이 아니라 탄력이며 또한 때를 준비하는 집중이기 때문이다
현장에서 한 몇 년 푹 썩어봐야, 단맛 쓴맛 다 보고 난 이후에야 우리는 비로소 목숨 걸 수 있다
미리 도망갈 구멍을 마련하지 않고 죽으라고 살고 죽으라고 싸우는 것
사실 노동 운동에서 가장 힘든 것은 적들의 탄압만이 아니라 우리 사이에서의 분열이다
마음 주었던 동지와 정을 끊어내는 투쟁. 이 쓴맛의 깊이가 사상이다

사상이 길을 밀어간다는 거
우석아
알~제

그러나 선언은 쉽지만 현장에서 사측 관리자들의 숨 막히는 통제와
조합원들의 외면 속에서 투쟁을 조직하는 것은 백배는 더 힘들다
이빨 까다 떠난 인간들 어디 한두 명이었냐
물에 빠지면 입만 동동 떠는 인간들 체질에 안 맞아도
그러나 우리는 배움의 선두에서야 하고 현장에서 몸으로 부딪히
는 투쟁을 통해 구현해야 한다는 거
우석아
알~제

경험이 빚어낸, 분노가 빚어낸 정점에서 무너져 내린
아니 도망친 내 친구 우석아
이제 중공업에서 보기 힘들겠지
그러나 우리 호흡하고 발 딛는 곳마다 피해갈 수 없는 싸움터이다
네가 짱구 굴려 봤자 별 수 없다
짱구 굴리지 말고 너답게 두 눈 딱 감고 다시 시작하자
1인칭으로, 무기력한 개인으로 돌아가지 말고

계급으로 회복하라
조직으로 성장하라
우석아
내 맘 알~제
이 나쁜놈아!

절망은 없다
— 효성 해복투 동지들에게

Ⅰ. 노동자는 자신의 투쟁지도부를 갖지 못했다

태광에서, 대한알루미늄에서, 동양 금속에서 어용노조가 들어섰다
중무장한 용역부대를 앞세우고, 경찰을 앞세우고, 노동부를 앞세우고, 국회를 앞세우고, 정부를 앞세우고 자본가의 어용노조 사수 투쟁이 시작되고 있다

누가 그렇게 쉽게 태광에 어용노조가 들어설 수 있다고 예상했는가
맥없이 공장으로 돌아간 조합원들의 눈빛은 체념에 가까웠다
그 누구도 싸울 만큼 싸웠는데, 최선을 다했는데 패배했다고 말하지 않는다
바로 교섭에 목매달고 타협하고 직권 조인한 지도부가
일부 미숙한 활동가들(투쟁주의자들) 때문에 유리한 조건에서 타협하는 시기를 놓쳤다고 말한다
싸우지 않고 이기는 자가 명장이라고 말한다

공장점거 파업을 이끌어 간 것은 파업지도부가 아니었다
연맹도 지역본부도 아니었다
노동단체도 정치조직도 아니었다
투쟁을 밀어 간 것은 분노와 노동이 연결되고, 희망과 투쟁이 연

결되고, 요구와 슬로건이 연결되고, 파업과 전술이 연결되어 빚어
낸 조합원들의 단결된 힘이었다
생존을 향한 거대한 첫 발이었다

그러나 노동자는 자신의 투쟁하는 지도부를 갖지 못했다
노동자는 승리했고
노동운동은 패배했다

Ⅱ. 우리가 해고되는 한이 있어도 민주노조는 포기할 수 없다

투쟁하는 사업장은 망한다
새로운 교훈을 공식화하기 위해 자본가의 계획된 노발은 멈추지
않았다

조합원 총회를 소집하고 어용대의원들과 자본가에 맞서는 효성
해복투 동지들은 봄빛처럼 정당했다
천막 농성장 앞에 세워진 깃발은 망설일 것도 물러설 곳도 없는
곳에서 솟구치는 결단이었다
3교대, 하루 8번의 출퇴근 선전전
한 숨을 쉴 틈이 없다 어금니를 꽉 깨문다

가능하지 않은 것은 없다
불가능한 것도 오늘 중으로 문을 열 것이다
희망은 방법을 찾는 사람의 투명한 땀에 와서 맺힌다
참 밝고 붉은 열매,
우리 마주 잡은 작은 실천투쟁의 손이
제때에 조합원들의 휘발성 분노에 불을 지필 것이다
침묵에 균열을 만들고 그 틈으로 함성이 쏟아지게 할 것이다

찬 겨울바람이 잠자리를 파고들어도
해고된 것이 너무나 분하고 분통 터져 밤잠을 설쳐도
감기 몸살 난 동지 한 명 없다
계절이 바뀌는 동안 투쟁 속에서 서로 눈빛이 닮고 표정이 닮고
웃음의 속살까지 닮아버린 동지들
우리 모두가 서로의 희망이다
해고되는 한이 있어도 민주노조를 포기할 수 없다
돌멩이처럼 단단해진 눈빛은 체념에 묶여있는 현장을 환하게 비추고 있었다

III. 패배가 가르친다

말이 아닌 몸으로의 실천
투쟁하지 않고서 어찌 신뢰를 바라겠는가?
나 혼자 살자고 동지들을 버릴 수는 없지
너무 힘들어 주저 않고 싶을 때
바로 그 때가 투쟁이다 투쟁의 시작이다
투쟁은 우리의 호흡, 우리의 새로운 생명
반동이 강화되면 될수록
노동자는 숲처럼 단련된다
탄압이 강화되면 될수록
노동자는 강물처럼 성장한다
패배가 가르친다
적이 강력했기 때문이 아니라 우리의 단결이 강하지 못했다는 것을
교섭지상주의가 투쟁을 말아먹고 있다는 것을
타협지상주의가 절망공장을 만들어낸다는 것을
패배가 가르친다
싸움의 시작에서부터 타협을 생각하는 지도부는 필요 없다
구실을 찾고 변명을 일삼는 지도부는 필요 없다
직권 조인한 지도부는 차라리 완장을 차라

패배가 가르친다
시행착오와 오류로부터 배우려는 지도부
마지막 그 순간까지도 방법을 찾으려는 지도부
민주노조 사수투쟁은 우리의 신심 있고 투쟁하는 지도부를 다시 건설하는 일이다

새로운 길로 일어 선 해복투 동지들
몸의 표정에 봄 쑥처럼 생기가 돋는다
피켓을 챙기고 플랭카드를 들고, 선동 내용을 준비하며 다시 투쟁에 나선다
선동 구호 속으로 조합원들이 걸어온다
조합원들은 죽지 않고 작년 여름의 공장점거 파업 속에 살아 있다
분임조 회의 체계 속에 자신의 창조적인 힘을 화산처럼 품고 있다
우리가 믿을 수 있는 것은 공동작업으로부터 뻗어오는 조합원들의 단결된 힘뿐
다시 시작하자
돌아서 가는 길은 죽음에 이르는 길
그래 다시 일어나 또 가자
이제 우리의 투쟁 앞에 절망은 자본가의 것이다
이제 우리의 투쟁 앞에 공포는 자본가의 것이다

합법적인 나날

— 임유선 동지

현대자동차 민주광장 앞에
합법적으로 날이 저물고 있다
군화발로 짓밟지 않아도
깃발은 평화적인 집회에 익숙해져 있고
생산을 중단시키는 불법적인 투쟁은 일어나지 않았다
세상이 뭐 같다보니
포대 자루 같은 몸을 이끌고 어떤 시인은
탄압받는 쪽으로 가고 싶다고 했지만
그쪽에서 평생을 살아온 사람들이 있다
돈 몇 푼 올리고 짤리지 않고
사람대접 받기 위해서도
목숨을 걸어야 했다
오늘 다행히 사건이 없었지만 간신히
간신히 통제된 시간일 뿐이다

들쑥 같은 투쟁전통은 수립되지 않았다
원칙을 잃어버린 자들은
현실 앞에서 독사처럼 웃었다
조건에 맞고 합법적인 투쟁들만
사업계획으로 인준되었고

투쟁해야 할 때 투쟁을 회피해가는
유려한 논리는
모든 기회주의자들의 빼놓을 수 없는 재능이다
투쟁을 피해가는 자 입을 다물라

현대자동차 민주광장 건너편
포시즌 호프집에 달이 떠 듯 불이 켜지고
푹신한 소파에 지친 몸을 의지한 그대
시원한 생맥주 한 잔에
봄밤, 둥그런 달빛처럼 생기가 돈다
한 판 붙자는 현장과 대중투쟁 없이 교섭에 목매다는 세력과의 충돌은
피해갈 수 없다
피해갈 수 없다면 뚫고 가는 거다

가장 낮은 곳에서 가장 치열한 몸짓으로
일어서는 비정규직 투사들
가장 낮은 곳으로 흘러 가장 높은 곳, 노동해방으로
역류하는 운동
그녀와 그 그리고 우리들

비정규직 투사들이 먼저 결단하고 먼저 조직하고 먼저 투쟁한다
불법적으로 투쟁할 수 있는 우리는
공인받지 못한 전투적 행동을 조직하는 우리는
누가 행동하는 투쟁의 주체인가
누가 활동하는 투쟁의 지도부인지를 검증할 것이다
길은 직선이 아니라도 좋다
생산을 중단시켜 우리는 단결을 얻을 것이다
생산을 중단시켜 우리는 불법비공인 연대파업의
깃발을 올릴 것이다
임박한 혁명처럼 폭력적으로 빛날 것이다

투쟁이 투쟁을 부른다

울산 건설플랜트 노조
최석영 김용철 정재윤 금대현 동지
SK 용역경비들에 맞서 휘발유를 뿌리고 손에 낫을 들고 피터지게 싸웠다
건설플랜트 노조 인정, 조합원 출입보장
이게 뭐 대단한 요구라고
가장 기본적이고 정당한 요구 하나조차 목숨 걸어야 하다니
목숨 걸 수밖에 없다면 뭐 망설일 거 있는가
낫을 들었다고, 신나를 뿌렸다고
누가 무식하다고 욕하는가
언제 투쟁이 합리적인 게 있었는가

당당한 비정규직 투사들
전날 SK 일당바리 용역 깡패들에게 무참하게 짓밟혀서
눈탱이가 밤탱이가 되어가지고
불편한 몸, 불편한 다리 끌며
오늘 현대중공업 합의 불이행 규탄, 소지공 임단협 투쟁 승리 결의대회에 왔다
하루 쯤 병원에 누워 편안하게 쉴 수도 있었을 텐데
어지간하다

비정규직 노조 사업장
모두가 자기 발등 불끄기도 힘들고
연대하면 앓는 소리부터 나오는데

최석영 김용철 정재윤 금대현 동지
당당한 비정규직 투사들
이것이 연대다
동지들의 전투적인 투쟁 자세가 연대다

투쟁이 투쟁을 부르고
투쟁이 연대를 부른다

다음날 현대중공업 하청노조 동지들
현대자동차 일당바리 용역깡패들에 맞서
현대자동차 비정규직 노조 동지들과 함께
눈두덩이 찢어지고 코뼈가 내려앉고 온 몸이 작신작신 밟히면서도 끝까지 투쟁했다
… 마침내 천막을 설치했다

연대가 투쟁을 부르고
투쟁이 다시 단결을 강화한다

다시 저 꽃빛 속으로

울산구치소에서 출소한 날
밤새 뒤척인다
다시 머리띠를 묶고 하청노동자들 앞에 선다는 게
이토록 설렐까
그 어둡고 무거운 얼굴들이 보고 싶었다

새벽 6시에 일어나서 씻고 밥 먹고 방어진행 버스를 탔다
늦봄으로 남목 고개를 넘자 드디어 현대중공업이 나타났다
87년 현대중공업 노동자들은 남목 고개를 넘어 시청으로 갔는데
나는 그 길을 따라 현대중공업으로 돌아간다

현대중공업 중전기문까지 오는 담벼락에는 온통 장미꽃이 피어있었다
장미꽃이 경비대들처럼 현대중공업을 지키고 있었다
지난 초봄, 죽음을 뚫고 연둣빛의 새싹처럼 발화하던 깃발과 구호들
박일수 열사 정신 계승을 외쳤던 동지들의 모습은 찾아볼 수 없었다

박일수 열사는 동지들의 가슴 곳곳에 뿌리를 내렸을까

장미꽃에 갇힌 절규
장미꽃에 갇힌 저 담장안의 착취

(아름다움에 대한 욕구는 온전하게 노동자계급의 것이나
난 착취의 외각 경비초소인 장미꽃이 폭력 보다 고통스럽고 두
렵다)

동해안에서 떠오른 아침햇살
죽음의 공장을 가로 질러
착취의 외각 경비초소인 장미꽃잎을 지나
현대중공업 중전기 정문 앞에서 집중적으로 빛나고 있었다

출근하는 하청조합원 동지들
중전기 정문 앞에서 집중적으로 빛나는 아침햇살 속으로
일제히 질주 한다
장미꽃보다 장관이다
장미가시보다 날카롭고 위력적이다
비록 오늘 우리 승리하지 못했지만
패배하지는 않았다
저 집단적인 모습들, 저 일사 분란한 행동들

꽃 빛이다

다시 저 꽃 빛 속으로
힘찬 출발, 머리띠를 묶는다
박일수 열사의 비타협적 투쟁 정신을 함께 묶는다
파워그라인더공 임단협 투쟁의 힘찬 함성을 함께 묶는다

2부

물으면서 전진한다

용수아이가

출근하려는데
까치소리가,
공장 담벼락 안에도 백목련이
작업장 바로 옆엔 노란 개나리가
피어 있어도
난 더 이상 어떤 상징에 의지하지 않는다
구지
까치소리에
백목련에
노란 개나리에 의지하지 않아도
난 좋은 예감 속에 있다

    선행도장부 앞, 병영처럼 똑 바로 도열한 직영, 하청 노동자들이 함께 안전결의대회를 하고 있었다. "세계 인류 기업의 미래를 위해 죽으라고 일하라, 여러분들의 부주의로 산재사고가 빈발 하고 있다. 자기 몸 알아서 몸 챙겨라 여러분들의 가정에 만복이 깃드는 불행은 나는 보지 못하겠다" 해석하면 이러한 요지의 부서장 훈시가 한참 진행되고 있는데 어딘 선가 "노동해방 그날을 위해..." 투쟁가가 들려온다. 부서장의 훈시는 계속 되고 있었지만 직영조합원들은 투쟁가요가 들려오는 곳으로 시선이 몰린다. 오토바이에 앰프를 싣고 투쟁가를 틀어놓고 한 대의원이 안전결의 대회가 열리는 곳으로 오고 있었다. 아침 햇살의 현 위에 모두들 "용수아이가, 용수아이가"
부서장은 쪽 다까고 자신의 권위가 구겨져서 쫀심도 상했겠지만 계속 훈시를 했다. (울그락 불그락) 그러나 부서장의 훈시는 투쟁가요 속에 묻혀 잘 들리지 않았고 "용수 아이가" 한 대의원을 밝게 부르는 조합원들의 눈빛은 새싹처럼 환해보였다

까치 소리에, 백목련에, 노란 개나리에 의지하지 않아도
용수 아이가!
언제 들어도 기분 좋은 이름
용수 아이가!
조합원들의 마음과 마음이 이어져 가는 방법처럼
용수 아이가!

"태초에 행동이 있었다"

함께 한 만큼 내일입니다

폭포수처럼 단풍이 쏟아지는 거리에서
당신을 생각합니다
싸워도 대안이 보이지 않고
타협하자니 앉아서 죽으라는 소리
지도부의 총파업 유보에
두 주먹의 힘줄은 터질 것 같은데
도대체 어떻게 싸워야 될지
답답해하던 당신

텐트마저 강탈당하고
얼기설기 엮어 만든 비닐천막
지쳐 잠든 새벽
비바람이 당신의 몸을 덮쳤다지요
비에 젖은 낙엽처럼 축대를 잡고
엉엉 울었다지요

농성장에서 맞은 서른다섯 생일
당신 몰래 천원, 이천 원 돈을 모은 동지들
몸 안에서 채 식지 않은 우리들의 사랑
손끝에서 잊혀지지 않는 우리들의 투쟁

초코파이 케이크 촛불로 타오릅니다
당신의 화약고 같은 가슴에
오래간만에 동그랗고 따뜻한 눈물이 맺혔습니다
동지가 동지의 투쟁 무기가 됩니다

— 비록 패배할지라도 무릎 꿇지 않겠습니다
　더 많이 깨지고 더 많이 배우겠습니다

폭포수처럼 단풍이 쏟아지는 거리에서
당신을 생각합니다

정말 푸른 겨울 저녁

— 이선인 동지에게

정말 푸른 겨울 저녁이었다
입김조차 푸르렀다

— 아침 4시에 출근해서 저녁 11시 반까지 일했어
그렇게 4년을 회사에 다녔지
그 4시간의 고단한 잠을 줄여 동지를 만났어
힘내라!
그 한 마디 하고 나서야 안심하고 잠을 잘 수 있었지

— 노농조합이 설립되자마자 새끼들이 날 납치했어
목까지 땅에 묻어 놓고 노동조합을 자진 해산하라고 협박하더라구
개새끼들
안전화 발에 머리통이 돌아가고, 정신이 깜박 깜박해도 굴복하지 않았어
죽어도 할 수 없었지

— 유인물을 돌리다 새끼들에게 각목으로 뒤통수를 맞았어
아따 정신없었지,
이빨이 다 부러져 버렸어
뇌졸중으로 의식 없이, 3개월 동안 꼬박 병원에만 누워있었지

정신이 들자마자 노동조합으로 달려갔어
새끼들이 기겁을 하더만

— 목숨 걸고 싸웠지만 현장은 완전히 죽었어
몸 사리는 놈들이 너무 많아
투쟁이 무슨 행사준 알아
위원장이 무슨 뱃지인지
탄압 받기 죽어도 싫어하지

벌써 수년을 해고자 복직 투쟁을 해왔던 동지가
이제 정말 마지막으로, 마지막 남은 목숨으로 제대로 해보자고 했다
맨땅에 대가리 박자
언제 우리가 때깔 내려고 운동 했느냐
무뚝뚝하게 현장으로부터 다시 시작하자고 했다
자신부터 스스로 규율이 되겠다고 했다
자신부터 스스로 조직이 되겠다고 했다
자신부터 스스로 사상이 되겠다고 했다
자신부터 스스로 투쟁이 되겠다고 했다

동지를 만나는 동안

정말 푸른 겨울 저녁
― 이선인 동지에게

정말 푸른 겨울 저녁이었다
입김조차 푸르렀다

― 아침 4시에 출근해서 저녁 11시 반까지 일했어
그렇게 4년을 회사에 다녔지
그 4시간의 고단한 잠을 줄여 동지를 만났어
힘내라!
그 한 마디 하고 나서야 안심하고 잠을 잘 수 있었지

― 노동조합이 설립되자마자 새끼들이 날 납치했어
목까지 땅에 묻어 놓고 노동조합을 자진 해산하라고 협박하더라구
개새끼들
안전화 발에 머리통이 돌아가고, 정신이 깜박 깜박해도 굴복하지 않았어
죽어도 할 수 없었지

― 유인물을 돌리다 새끼들에게 각목으로 뒤통수를 맞았어
아따 정신없었지,
이빨이 다 부러져 버렸어
뇌졸증으로 의식 없이, 3개월 동안 꼬박 병원에만 누워있었지

정신이 들자마자 노동조합으로 달려갔어
새끼들이 기겁을 하더만

— 목숨 걸고 싸웠지만 현장은 완전히 죽었어
몸 사리는 놈들이 너무 많아
투쟁이 무슨 행사준 알아
위원장이 무슨 뱃지인지
탄압 받기 죽어도 싫어하지

벌써 수년을 해고자 복직 투쟁을 해왔던 동지가
이제 정말 마지막으로, 마지막 남은 목숨으로 제대로 해보자고 했다
맨땅에 대가리 박자
언제 우리가 때깔 내려고 운동 했느냐
무뚝뚝하게 현장으로부터 다시 시작하자고 했다
자신부터 스스로 규율이 되겠다고 했다
자신부터 스스로 조직이 되겠다고 했다
자신부터 스스로 사상이 되겠다고 했다
자신부터 스스로 투쟁이 되겠다고 했다

동지를 만나는 동안

난 알몸이었다
정말 푸른 겨울 저녁이었고
입김조차 푸르렀다

양정 나라

울산시 북구 양정동
현대 자동차 왕국 담 밖으로
현대자동차 현장조직들 간판이 있다
노동단체 간판들이 있다
정치조직 간판들이 있다
유별나게도 이 간판들은 양정동에 밀집했다

사회주의, 투쟁, 연대. 실천, 민주, 자주, 평등, 당, 노동자
빛바랜 단어들로 조합된 간판들
사회주의가 사회주의가 되지 못하고
투쟁이 투쟁이 되지 못하고
연대가 연대가 되지 못하고
실천이 실천이 되지 못하고
민주가 민주가 되지 못하고
자주가 자주가 되지 못하고
평등이 평등이 되지 못하고
당이 노동자가 되지 못하고
노동자가 당이 되지 못한
빛바랜 간판들이
자동차 왕국 바깥으로 줄지어 있다

잎 다진 겨울나무가
이 빛 바랜 간판들을 유심히 쳐다보고 있다

좌우명
― 행동하는 투사 김석진

늦은 밤, 아내의 출근투쟁 피켓을 제작하러 울산해고자 협의회에 갔습니다
사무실 출입 문 옆에 동지의 투쟁 사진이 붙어있습니다
사진 밑에 당신이 온 몸으로 쓴 글, 독기 어린 눈빛처럼 살아있습니다

2002년 반드시 복직 한다
투쟁을 하고자 하는 자는 방법을 찾고
투쟁을 회피하고 하는 자는 구실을 찾는다

2000년, 목숨을 건 단식투쟁 때부터
행동하는 투사, 김석진 동지의 좌우명이었습니다

노동조합으로부터 생계비 한 푼 지원 받지 못했습니다
식물인간이 된 어머니 병 수발
새까맣게 타들어 가는 가슴에
벌써 몇 천 만원의 빚이 쌓였습니다

그래도 밝은 목소리 높은 톤, 조금도 흐트러지지 않고 살아
정말 기적처럼 살아

만나는 사람마다 언제나 한 아름 웃음꽃으로 지친 어깨 감싸 안는 동지
자기희생을 통해 열어 가는 노동자의 길
죽을 각오로 다시 준비하는 상여투쟁
모두들 그만하면 됐다, 포기를 권유하는 곳에서
새로운 방법을 찾아가는 동지의 투쟁 자세
: 승리할 마음이 없는 자는 결코 이길 수 없다
바로 우리의 좌우명입니다

탄환을 꿈꾼다
— 2001년 효성공장점거투쟁 이후

서점에서 시집을 뒤척이다
시집 한 권 사지 못하고 돌아 나오는 낙엽 다진 밤
지난여름, 손에 손에 쥐어졌던 꽃병을 생각한다

: 손아귀에 쥐가 나도록 새벽이 밝아오고 있었다
휘발성으로 타는 분노 속에서 꽃이 피고 있었다

난 분명 탄환을 꿈꾸었다

13년 현장통제와 무쟁의를 청산한 여름 하늘
바람 불지 않아도
타는 땡볕이어도
통쾌하다
한 판 붙자

: 휘발성으로 타는 분노 속에서 꽃이 피고 있었다
머리띠를 묶은 조합원들
탄환으로 날아가 적의 심장에 박힐
절정의 꽃이었다

그러나 총성 보다 먼저 성탄이 오고 있었다
공장점거파업도, 분임조모임에서 형성되었던 노동자민주주의도
13년 무쟁의를 깬 그 뜨거웠던 정규-비정규 단결의 함성도
꽃병이 날아가는 포물선을 따라 한 점 불꽃으로 져 갔다

정리해고·손배가압류의 낙엽을 밟을 때마다
비명처럼 몸이 아프다
현장은 숨소리조차 죽었다
모두들 떠난 자리
난 홀로 정류장에 섰다
공장으로 가는 버스가 왔다
나는 공장으로 간다 공장으로 향하는
내 눈빛은 아직도
곧 죽어도 함께 살아 낼 사랑인가
탄환을 꿈꾸는가

차이가 우리의 근육을 긴장시키고 살아있게 한다

우체통처럼 잠잠했던 날들은 가고
오늘 소포가 도착하듯 너의 표정도 변하고 눈빛도 변하고 목소리
톤도 변했다
저쪽 골리앗 타워 쪽으로 봄기운이 들어섰지만 무슨 낙이 있어 봄
을 맞겠는가
관리자들의 안전화는 갈수록 위협적이다
너의 늙은 몸에도 투쟁의 기억은 남았는가
투쟁이 기억이 되면서부터
너의 늙은 몸은 허명의 꽃을 피워낸다
꽃 수술에 내려앉은 희망은 통제에 순응하는 모습만큼이나 허약
하다

동지!
이 말의 친화력이 때로 두렵다
우리 사이는 과연 견고한가
네 눈물은 과연 맑은가
난 가까이 있는 것들에 대책 없이 착해지는 마음이 고통스럽다

원칙은 원칙이고 현실은 현실이라고 말하지 말라
현실을 인정하라고, 해봤자 안 된다고 말하지 말고

아예 하기 싫다고 말하라
조합원이 따라주지 않는다고,
집행부를 무슨 해결사처럼 생각한다고
조합원들 길을 잘못 드렸다고 말하기 전에
아예 싸울 의지 하나 없는, 몸이 움직이지 않는 너의 어중간한 타협의 자세를 보라
솔직해지자
이제 너의 변명은 하나의 사상이 되었다
노사협조주의가 따로 있는가
해고되고 빵에도 갔다 왔던 왕년의 투사가 오늘 노사협조주의자로 옷을 갈아입는 것은 너무 흔한 일이다
물론 너는 너신이 선신 활농가라고 말하고 싶어 한다
그러나 너의 투쟁방식은 이제 노사협조주의이다

너는 노동조합의 경영참가를 우리사주 민주주의를 , 사회적 협약 체결의 중요성을 말한다
나는 조합원들의 사활적인 생존의 문제를, 이 투쟁의 확대에 대해서 말한다
너는 차이를 폭력적으로 제거하려고 한다
그러나 차이 속에서, 또한 차이를 가로질러 나는 너에게 간다

1부터 100까지의 완전한 통일은 무덤에서조차 불가능하다
차이,
— 차이가 너의 심기를 불편하게 했는가 —
— 차이가 너를 두렵게 하는가 —
그러나 차이가 우리의 근육을 긴장시키고 살아있게 한다

나는 너에게 구조조정 정리해고 분쇄, 생존권 사수, 비정규직 철폐를 위해 함께 싸우자고 제안한다
나는 너에게 대정부 직접 교섭을 위해 기획된 대국민 선전전, 폴리스 라인 안에서 진행되는 행사투쟁이 아니라 공장을 점거하고 생산을 중단시키자고 제안한다
눈빛을 맞추고 보폭을 맞추고 나란히 나란히 함께 가자고 제안한다
나는 여전히 어용이 아니라 민주파라고 자부하는 너에게 제안한다

너의 대답을 기다리는 동안
또 한 명의 노동자가 산재사고로 죽어갔다
노동자들의 생존의 문제 앞에
어용과 민주는 백지 한 장 차이라는 걸
집행권력 그 자리도 백 날 가는 것이 아니라는 걸
나는 너에게

나를 채우고 키운 것은

벌써 저 뒷산은 한 계절을 마감했다
조용하다

집으로 돌아가는 길은 뒷길이다
뒷길을 죽 따라 걷다보면
성급한 나뭇잎 몇 장을 발견하기도 한다

내 저린 발걸음은 순서도 없이
포장마차 앞에 서 있다
부산 오뎅 하나를 집어 간장에 찍어 먹는다
난 오뎅보다는 속까지 익은 무시와 파의 맛을,
걸쭉한 오뎅국물을 더 좋아하고
통통한 아줌마의 수다에 가까운 이야기를 듣는 것이 더 좋다
오늘도 통통한 아줌마는 부지런히 떡볶이를 고추장에 버무리고
튀김을 붙이고 있다
통통한 땀방울이 아줌마에게 맺혔다
98년 자동차에 다니던 아저씨가 정리해고 되고
그것도 모자라 빚보증을 잘못 서 가산을 탕진한 남편을 대신해 시작한 포장마차
하루 18시간의 노동

탱탱 부은 다리
"산목숨 거미줄 치겠는 겨"
아줌마의 통통한 웃음은 활기차다

뒷길을 죽 따라 집으로 가다 보면 초록미술 간판이 보인다
문 닫은 지 벌써 몇 년
빈집이다
여닫이문, 빛바랜 코팅지 위엔
민중의 당, 세상을 바꾸는 힘이라고 적혀있다
세상을 바꾸는 힘은 빈집과 한 몸을 이루고 있다
빈집은 초록미술이라는 간판을 달았다

퇴근길
나의 저린 걸음은 집 앞 구멍가게 앞에 선다
한 때 중공업 노동자였던 아저씨
다리 하나를 잃고 종일 가게를 본다
아줌마는 에쎄 담배를 하루에 한 갑 넘게 피운다
하루 한 갑의 담배를 사는 곳
가게 문을 열고 들어서면
아저씨는 벌써 디스 담배 한 갑을 준비하고 계신다

어이 수고했어, 이제 애 아범인데 항상 조심해야 써 알았째

내가 거창하게 노동운동을 한다고 선언했지만
사실 나를 채우고 키운 것은 작고 따뜻한 것들이었다
가령 동지들의 친절한 미소였다
그래서 동지들과 불화에 휩싸였을 때가 가장 힘들었고
그들에게 더욱 냉정해졌을 때
사상이 키우는 푸르른 나무에 대해서 생각했다
하지만 그 푸르름은 웃자란 희망일지도 모른다
성장해왔지만 자신할 수 없고
조금씩 내 자신도 무너져왔다는 것을
삶의 기쁨을 잃어났다는 것을
성급한 나뭇잎 몇 장을 보고 생각 한다

나를 채우고 키운 것은 작고 따뜻한 것들이었다
아줌마의 통통한 웃음이었고
초록미술과 함께 하는 세상을 바꾸는 힘이었고
다리 하나를 내주고도 끊을 수 없는 세상에 대한 따뜻함이었다

그래서 난 뒷길이 좋고

가장 치열할 수 있다는 것은
높은 사상이 전부가 아니라
작은 것, 허름한 것, 따뜻한 것, 지금은 중요하게 생각하지 않은 것
그래서 그냥 지나칠 수도 있는 것들에 대한
사상 보다 먼저 가는 내 몸마음이었다

난 뒷길에서 웃자란 희망, 건조한 문자로서의 사상이 아니라
아줌마의 통통한 웃음에 대하여
초록미술과 함께 하는 세상을 바꾸는 힘에 대하여
다리 하나를 내 주고도 끊을 수 없는 따뜻함에 대하여
생각하게 된다
이것들이 없으면 나를 파국으로 몰아가는 위험에 대하여
생각하게 된다

슬픔이 깊을수록 투쟁의 강도는 강하다

얼마 전 순식간에,
기습적으로 꽃이 핀 적이 있다
난 그 환한 삶의 꽃자리에서 앳되고 때론 무모한 열정마저 순수했
던 그녀와 그들,
한 때 나의 벗들을 불러본다
순식간에, 또한 기습적으로 꽃이 지고
어떤 싱싱한 조짐조차 사라진 텅 빈자리에서
그녀와 그들, 한 때 나의 벗들을 불러본다

이제 친절함 속에 칼을 숨길 수 있고
투쟁 속에서 배신을 읽을 수 있고
현내 속에서 싱싸의 이해를 늘여다 볼 수 있으며
조직 속에서 발생하고 있는 권력의 위험을 체득하고 있는 나이
난 면도날 위에 선 것처럼 슬픔을 느낀다

난 종종 듣는다
부르주아 정치판처럼 더러운 대공장 노동운동 판에서
노조관료들, 노사협조주의자들에게 맞서기 위해서는
판을 읽을 수 있는 능력을 키워야 하고 대응할 수 있는 힘을 키워
야 한다고

정파의 이해를 위해 노동자 투쟁을 이용하려는 판짜기를 볼 때마다 구역질이 나지만
이들을 폭로하기 위해서는 활용할 수 있다고
더 이상 우리가 원칙만 나발 부는 무능력자가 되어서는 안 된다고 들을 때마다
난 한 때 나의 벗들에게 능구렁이가 다 되 버렸다고 말한다

종파주의에 여린 심장이 찔렸지만
동지에 대한 정성스러운 마음을 잃어갈수록
종파주의의 또 다른 기둥이 자라나고
현장조합원들과 함께 하겠다고 했자만
사상에 귀 닫고 눈 막으면서
어느새 '전투' 자 하나 더 붙은 조합주의자로 지쳐가는 나의 벗들이여

막 봄이 오기 전에
난 살얼음 밑을 흐르는 청청한 시냇물 소리를
내 몸이 환해질 때까지 아주 오래도록 들었다
봄빛에 새잎이 흔들릴 때마다
찰랑 찰랑

청청한 시냇물 소리가 들렸다

왜 난 이 청청한 시냇물 소리가 송가처럼
— 찰랑찰랑
송가처럼 들렸을까

슬픔이 깊을수록 투쟁의 강도는 강하다

문 밖으로 나가는 아이
— 아들의 첫 돌을 기념하며

내 아들 문성이는 기기 시작하면서부터
자꾸만 문 밖으로 나가려고 한다
말릴 방법이 없다
문 밖으로 나가는 아이

풀무질에서 새로 나온 트로츠키의 『노동조합투쟁론』을 읽고 있는데
나의 독서를 방해하고 나선
내 아들 문성이
트로츠키의 『노동조합투쟁론』을 자신의 배에 깔고
손으로 뜯고 입으로 빨면서
완전히 트로츠키의 『노동조합투쟁론』을 장악해버린다
허허 이놈의 새끼
한 쪽으로 멀찌감치 밀쳐놓고 다시 독서를 시작하면
채 1분이 되기도 전에
그 중노동-기기작업-에도 아랑 곳 않고
다시 트로츠키의 『노동조합투쟁론』을 장악해버린다
그래서 안고 책을 읽어준다
문성이가 해죽해죽 웃는다
이 놈아 네가 뭘 알기나 하고 웃는 것이냐

네가 장악해버린 사상이
어쩌면 네 분유 값을 날려버릴 수도 있는데
너는 이토록 해맑게 웃을 수 있는 것이냐
네 엄마는 너를 임신하자마자
찬 겨울바람을 안고 해고자 복직 투쟁을 시작해야 했다
— 하청노동자도 인간이다 정리해고 철회하라
어느새 너의 첫 돌이 다가오고 있는데
네 첫 돌 날 아버지는
갈수록 보수화되고 반동화 되어가고 있는 현대중공업에서
전투를 시작하려고 하는데
네 해맑은 우음으 이 투쟁에 대한 축전이냐
네 분유 값을 날릴 수도 있는데
문 밖으로 나가는 아이
내 아들 문성아

자본가들의 정치적 수다

현대자동차 노사가 해외투자나 정리해고 시
노사 공동위원회가 사전 심의 의결하기로 합의함에 따라
자본가들은 일제히 경영권 침해라고 정치적 수다를 늘어놓기 시작했다
그러나 자본가들은
노동자들이 영업비밀을 폐지하라고 요구하지 않고
노동자들이 생산에 대한 통제를 요구하지 않고
자본주의에서는 더 이상 못살겠다
노동자들이 다그리 들고일어나
노동자 평의회 만세를 투쟁함성으로 소리 높여 부르지 않기에
소심한 가슴 쓰러 내리면서
안도의 한 숨을 내 쉬고 있다
자본가들은 뒤가 좆 나게 구린 포커페이스를 하고
경영권 침해에 대해 심히 우려된다는 정치적 수다를 늘어놓고 있다
그리하여 자본가들은 '심히 우려'되기에
노동자 대표와 함께
노동자 대표를 구워삶아서
노동자 대표의 손에 의해
해고의 근거와 범위가 정리되고
죽지 않을 정도의 노동 강도의 수위가 조절되고

정규직과 비정규직의 분열이 법적으로 보장받도록 하려는 것이다
그것이 혁명보다는 이윤을 보장받을 수 있는 길이라는 걸
소수의 노조관료들의 배를 불려주는 것이
더욱 저렴하다는 걸
너무나 잘 알고 있기 때문이다

자본가들의 '심히 우려'된다는 정치적 수다는
자신감의 표현이다
이미 노동자 대표를 구워삶아 놓았다는
자신감의 표현이다

이라크의 꿈 많은 소녀들은 부시도 후세인도 원하지 않는다

폭탄이 떨어지는 곳에서 편지가 왔네
폭탄이 떨어지는 곳에서 평화가 왔네

힌드 살람, 라샤, 알리 압둘, 야사민, 투라야 엘, 루브나 사이드
— 난 우리 모두 평화롭게 살았으면 좋겠어
— 우리는 부모님을 사랑하는 것처럼 이라크를 사랑하고 전 세계 사람들을 사랑해
— 난 이 세상을 사랑하고 평화를 사랑해. 난 전쟁이 싫어. 왜 너희들은 미소를 짓고 있는 우리들을 죽이려고 하니?

이라크의 꿈 많은 소녀들의 머리 위로 쏟아지는 폭탄은
이라크의 꿈 많은 소녀들의 따뜻한 가슴속으로 쏟아지는 폭탄은
군수자본의 이윤을 위한 전쟁
석유 시장 주도권을 쟁탈하기 위한 제국주의자들의 더러운 약탈 전쟁

힌드 살람, 라샤, 알리 압둘, 야사민, 투라야 엘, 루브나 사이드
— 이라크에 꿈 많은 한 소녀가 있었는데, 전쟁이 일어나서 그 소녀가 꿈을 이룰 수 없었다는 걸 사람들이 알아 줬으면 좋겠어
— 너희를 사랑해 … 우리의 꿈을 지켜줘

이라크의 꿈 많은 소녀들은 바라네
석유 채굴 공장에서
부모님이 저임금 살인적인 노동 강도 속에서 죽어가지 않기를
이라크의 꿈 많은 소녀들은 바라네
부모님이 후세인의 독재 권력을 지키기 위해 인간방패로 동원되지 않기를
그렇게 죽어가지 않기를
이라크의 꿈 많은 소녀들은
부모님을 사랑하고 이라크를 사랑하고 전 세계 사람들을 사랑하는
이라크의 꿈 많은 소녀들은
부시도 후세인도 뉘이지 않기에

평화는 눈물의 도움으로도
촛불의 간절한 마음으로도 오지 않았네
이라크의 꿈 많은 소녀들은 알고 있었네
91년, 성전에 참여했던 아버지가 탈영했다는 것을
이라크의 꿈 많은 소녀들은 알고 있었네
91년, 탈영했던 아버지가 총을 들고 일어섰다는 것을
부시와 후세인에 맞서
자신의 삶을 지키기 위해

이라크의 꿈 많은 소녀들의 꿈을 지키기 위해
아버지가 총을 들고 일어섰다는 것을
91년, 부시와 후세인이 봉기를 진압하기 위해 연합했다는 것을
이라크의 꿈 많은 소녀들은 알고 있었네
이라크의 꿈 많은 소녀들은 부시도 후세인도 원하지 않았네

폭탄이 떨어지는 곳에서 평화가 왔네
이라크의 꿈 많은 소녀들이 총구에 꽃을 꽂고 있네
이라크의 꿈 많은 소녀들이 반전 국제연대의 깃발에 꽃을 달고 있네

물으면서 전진한다

— 2001년 노동자 대회에 부쳐

I

이제 대중연단은 화려하고 중앙의 투쟁선언은 쇼다

화려한 연단 위에서
준비된 선동가가 피를 토하는 목소리로 중앙의 투쟁을 선언하는 동안
1001-3 진압 특수부대는 서울의류업노조 교육부장을 방패로 찍고 군화발로 짓밟았다

전태일 열사의 비명소리는
전태일 열사 정신 계승하여 단병호 위원장을 구출하자는 투쟁 선언에 묻혀 들리지 않았다

조명된 선동무는 환상을 만들어낸다
신디사이저와 락 기타 음에 실리는 투쟁가요는
더 이상 가슴을 뜨겁게 달구지 못한다
연단 위는 누구도 허락 없이 올라가지 못한다

이미 무대 뒤에서는 타협이 논의되고

과연 현장 조합원들은 무기력한 관객인가
과연 동원된 박수부대인가

현장조직 운동이 키워 낸 고참 활동가들은 지금 어디에 있는가
술판에, 술 잔 속의 논쟁에 빠져 있었다

서로에게 총구를 겨누며
저 새끼하고는 함께 활동 못한다 기회주의자다 대가리를 깨버리
겠다고 술판을 뒤엎는다

한통계약직 동지들이 한 장 스티로폼에 의지해 고단한 잠 이룰 때
술독 풀러 사우나에 간다

현장 조합원들보다 먼저 고참 활동가들이 지치고 병들어 간다
정신은 신뢰가 자랄 수 없을 정도로 황폐화되어 간다

모두가 무기력했고
유일하게 중앙의 연단은 자극적인 활기에 차 있었다

II

말로 먹고 사는
투쟁하지 않는 명망가들은 많다
투명한 눈물을 가진 젊은 투사들이여
목숨 내놓고 할 수 있는 모든 투쟁을 조직하는 젊은 투사들이여

투쟁 속에서 묻고 또 물어라
투쟁하는 동지와 투쟁하지 않는 자를
끝까지 함께 하는 벗과
유려한 이론으로 투쟁을 가로막고 있는 자를
투쟁하면서 물어라
물으면서 전진하라

언제나 투쟁은 새로운 사람의 것이다
새로운 사람은 투쟁 속에서 항상 묻는 사람이다
새로운 사람은 투쟁의 시작에서부터 마지막을 미리 생각하지 않는 사람이다
새로운 사람은 현장 조합원들과 목숨을 함께 나누는 사람이다
새로운 사람은 중앙으로 집중된 권력을 현장으로 끌어내리는 사

람이다
새로운 사람은 관료적인 명령을 거부하는 사람이다
새로운 사람은 언제라도 독자적인 결정으로 생산을 중단시키고 파업을 조직하는 사람이다
새로운 사람은 현장으로부터 출발하는 수평적 연대의 힘을 노동해방의 그물망으로 짜는 사람이다

새로운 사람, 젊은 투사들이여
머물지 말고
뒤돌아보지 말고 가라
치명적인 비수로 가서 돌아오지 마라
그 몸짓 하나 둘이 새로운 전통이 된다

II

말로 먹고 사는
투쟁하지 않는 명망가들은 많다
투명한 눈물을 가진 젊은 투사들이여
목숨 내놓고 할 수 있는 모든 투쟁을 조직하는 젊은 투사들이여

투쟁 속에서 묻고 또 물어라
투쟁하는 동지와 투쟁하지 않는 자를
끝까지 함께 하는 벗과
유려한 이론으로 투쟁을 가로막고 있는 자를
투쟁하면서 물어라
물으면서 전진하라

언제나 투쟁은 새로운 사람의 것이다
새로운 사람은 투쟁 속에서 항상 묻는 사람이다
새로운 사람은 투쟁의 시작에서부터 마지막을 미리 생각하지 않는 사람이다
새로운 사람은 현장 조합원들과 목숨을 함께 나누는 사람이다
새로운 사람은 중앙으로 집중된 권력을 현장으로 끌어내리는 사

람이다
새로운 사람은 관료적인 명령을 거부하는 사람이다
새로운 사람은 언제라도 독자적인 결정으로 생산을 중단시키고 파업을 조직하는 사람이다
새로운 사람은 현장으로부터 출발하는 수평적 연대의 힘을 노동해방의 그물망으로 짜는 사람이다

새로운 사람, 젊은 투사들이여
머물지 말고
뒤돌아보지 말고 가라
치명적인 비수로 가서 돌아오지 마라
그 몸짓 하나 둘이 새로운 전통이 된다

밥 한 끼의 정치

일요일 저녁 동부경찰서 유치장
수사과장은 하청노조 위원장인 날
자기 사무실로 불렀다
수사과장은 김치 찌게 백반을 시켜놓았다
까짓, 부담도 되었지만 담배 한 대 피울 수 있다는 유혹을
피해갈 마음은 없었다

수사과장과 정보계장은 무척 친절한 미소를 지었다
고생 많다고(씨발놈들, 쳐 넣은 놈들이 누군데)
차린 것 없지만(정말 차린 것 없이 생색내네)
마음이니 밥 한 끼 하잖다
이 친절한 미소는 바라는 게 있다는 뜻
대한국인들은 밥을 같이 먹으면 정이 든다는데
밥 한 끼의 거래
밥 한 끼의 정치

"열사투쟁은 빨리 끝나야 한다
한꺼번에 너무 큰 욕심내지 말고 조금씩 차분차분 가야 한다"

수사과장과의 친절한 관계는

열사투쟁을 지속하고 '한꺼번에' 하청노동자들의 폭발을 조직하
려는
동지들과의 불화 혹은 적대
이 친절한 관계는 칼보다 무섭다
이기적인 몸,
적들은 집요하게 습성을 파고 든다

이젠 사회적 협약을 체결하기 위해
대통령을 만나고 노동부 장관을 만나고 경총을 만나는 자리
카메라 앵글의 의도를 충분히 감안하더라도
이건 너무 다정하다
현장에서 하청노동자들이 죽어나가도
그 절박함이 닿기에는
총연맹 관료의 자리는 너무 멀리 너무 높게 떠 있다
― 조합원과의 유일한 접촉은 조합원 서류철이다
　　교섭과 마무리가 그들이 먹고 사는 방법이다
교섭과 마무리를 위해 총연맹 관료들은
현장조합원들보다 적들과 더 가깝게 지내고 자주 연락하고 친절
하게 만난다
적대는 오히려 적들보다 내부에서 강화되어 왔다

밥 한 끼의 정치에
얼마나 많은 조합원들의 가슴에 피멍이 맺혔는가

저녁식사를 끝내고
수사과장이 준 담배 한 가치를 피우면서
온 몸에 소름이 돋는다

용감한 관료들과 어설픈 투사들

진달래꽃이 한창일 때 열사투쟁은 끝났다
단결과 투쟁의 경험도 없이
열사정신은 구호로만 남겨둔 채
난 울산구치소 독거방에 갇혀있다
그러나 졌다고는 생각하지 않는다
창살 밖, 문수구장 쪽으로 뜨는 봄빛에
싱그러운 초록의 나무는 벌써, 내 몸과 어울리고 있다

난 지금 당당하고 용감했던 관료들을 생각한다
폴리스라인을 민주노총 질서유지대가 대신하고
맨 앞줄에 서서 지도부가 육탄으로 현장진입투쟁을 가로 막던
평화집회 교섭기조
항의하는 투사들에게 관료들은 당당했다
기조에 반대하면 물량 만들어서 치고 들어가든지
하지도 못하면서 선명성만 주장한다고
모욕당한다

누가 쇠파이프를 들 것인가
누가 꽃병을 들 것인가
누가 구속을 각오하고 대가리 깨지면서 싸울 것인가

용감한 관료들은 투사들을 적들 앞에 세워두고
집회대오를 해산 시킨다
용감한 관료들의 협박 앞에 투사들조차
우유부단했다

내가 두려운 건
적들의 폭력도 관료들의 협박도 아니다
스스로의 우유부단함, 무능력이다
스스로의 우유부단함, 무능력에 비수를 꽂는다

용감한 관료들에게 더 이상 화도 나지 않는다
공존의 가능성을 말하는 그들을 믿지 않는다
공존을 이성이라고 말하는 자들을 경멸한다
: 뒤 호주머니에 비수를 감추고 적의 목젖까지 다가가리라

이 시대의 투사들은 겨울외등처럼 고립된 개인들이다
무슨 조직의 간판을 달았다고 해서 달라질 건 없다
갈라지고 깨지고 서로 등 돌린 전투적 소수파
더 이상 이곳저곳에서 숨어 피는 꽃이

우리의 자화상이 되어서는 안 된다
아나코 생디카든, 자칭 혁명적 사회주의자든
이 사이 무슨주의자든
개량주의 관료주의에 대한 비판은
지난 10년 동안 줄기차게 해왔던 일
그러나 더 이상 비판과 폭로가 대중을 움직이지는 않는다
투쟁이 부족한 것이 아니라 투쟁지도부가 부재한 것!
이 부재 앞에 진달래꽃은 왜 저렇게 절박한지
왜 저렇게 열사의 붉은 절규를 쏙 빼닮았는지

부르주아 정치판을 닮아가는 운동 판이 좆같아서
이꼴저꼴 안보고 때려 치고 싶은 맘 들 때도 있지만
부여잡은 깃대 놓지 않은 투사들이여
투쟁할 수 있는 우리는 행복하다
스스로 꽃피우고 스스로를 조직하는 투사들이여
차이 속에서 함께 하는 방법을
연초록 새잎처럼 키워가는 투사들이여
진달래 군락처럼
젊고 붉은 기운으로 타오르는 나의 벗들이여
소수가 두려운가

둘러보지 마라
동지의 힘찬 첫발에 달려 있다

1.03평 독방에서도 난 꿈을 꾼다

구치소도 사람 사는 곳이다
팔다리 가슴팍 등판에 온통 용문신을 한 깡짜들도
행님요 사근사근 앵기는 모습을 보면
참 선하단 생각이 든다
내게 사진까지 보여주며
절도범 군대형은 세상으로부터
쭈쭈빵빵한 마누라를 훔쳤다고
자신이 한 일 중에 최고라고
자랑이 이만저만이 아니다
도박으로 들어 온 영배형은 마누라 말고
애인 면회 오는 재미로 하루를 사는데
나가도 별 볼 일 없고
워쩌꺼나
한 탕 멋지게 해 불고 변호사 살 돈 솔찬히 챙겨
다시 와야건네 고민 중이고
하여튼 고향도 다르고 죄명도 다르고
들어온 사연도 다들 구구절절하지만
구치소 사람들이 구속된 공통된 사유는
"사유재산 침범죄"

사유재산은 신도 감히 침범할 수 없는 영역인데
신도 감히 침범하지 못하는 영역을
밥 먹듯이 드나들고 겁도 없이 훼손한 구치소 사람들이
난 꼭 투사처럼 느껴지고
그들의 죄명은 이젠 하도 낡아 너덜너덜 해진
사적소유의 문패를 박살낼 슬로건 같다

불법도 마다 않고
어떻게든 살아보겠다는 그들의 몸짓에 비하면
합법적으로 허가된 집회에 참여하고
행진하고 연설하다
공안범으로 잡혀 온 내가 더 초라해 보인다
열사투쟁 내내
전투적으로 말했지만 전투적인 행동을 조직하진 못했다
허가된 범위를 넘어서지 못한 소심함
막 피기 시작한 새싹 앞에서
나의 진짜 죄명은 부끄러움이었다

생존을 위한 몸짓은 칼날처럼 정당했다
누구도 근접하지 못한 신성한 영역을

아주 우습게 알고 밥 먹듯이 드나들고
겁도 없이 훼손한
구치소 사람들과 함께
1.03평 독방에서도 난 꿈을 꾼다
이 땅의 판검사들은
억누를 수 없는 범죄행위라고 선고하더라도
칼날처럼 정당하고 절박한 생존의 몸짓,
사적소유 철폐를 위하여
1.03평 독방에서도 난 꿈을 꾼다
쇠창살을 넘어 구치소 담장을 넘어

오늘은 봄빛 좋은 어린이 날

오늘은 어린이 날
면회도 없고 날은 기가 막히게 좋은데
봄볕에 기대 자본론을 읽는다.
1850년 하루 16시간의 죽음 같은 야간노동에 혹사당하고
돌아가는 기계 앞에 서서 밥을 먹어야 했던
맨체스터 방적공장 7살 어린 노동자
그 눈빛이 가슴에 와 박히는데
오늘은 봄빛 좋은 어린이 날
며칠 전 면회 온 안해는
문성이가 자주 아빠아빠 부른다는데
이젠 생일 "꾀가 삥긴디"란 말이
심장에 와 닿는 것 같다
안해가 넣어준 문성이 사진을 노트에 끼워 넣고
보고플 때마다 꺼내보곤 했는데
오늘은 1.03평 독방 벽에
봄빛처럼 웃고 있는 문성이 사진을 붙여 놓고
종일을 좋아서 나도 문성이처럼 웃고 지냈다
얼마 전 업무상 횡령으로 들어온 석훈이형은
가족사진을 보며
자신의 꿈은 가족들과 함께 행복하게 사는 거란다

첨엔 그런 갑다 싶었는데
오늘 봄빛처럼 웃고 있는 문성이를 보며
이 말의 위력을 실감했다

오늘은 봄빛 좋은 어린이 날
1850년 맨체스터 7살 어린 노동자와
맑스 할배 사진 보여주면
좋아라고 내 품에 안기던 문성이를 생각하며
봄빛처럼 싱그럽게
봄빛처럼 여유롭게
봄빛처럼 따뜻하게
봄빛처럼 다함께
봄빛처럼 모두 다함께
그렇게 행복하게

꽃피듯 날아든 엽서 한 장

생각도 못했는데
오래된 벗에게서 꽃피듯이 엽서 한 장
날아들었습니다

"먼 도시에서 외로운 싸움을 하고 있구나
하지만 이 싸움이 나에게는 아름다운 싸움으로 보인다. 끝까지 최선"

꽃피듯 날아든 엽서 한 장
이라크 소년이 해맑게 웃고 있었습니다
이 웃음을 지키는 것이 사상입니다
이라크 소년의 해맑은 웃음을 사랑하고
한국군 추가파병 반대, 침략전쟁 반대
이라크 노동계급 투쟁 승리
프롤레타리아 국제주의를 옹호하는
오래된 벗의 삶이 아름답습니다
비정규직 철폐투쟁과 프롤레타리아 국제주의가
수 천 킬로미터를 가로질러
이렇듯 하나로 만나고 있습니다
꽃피듯 날아든 엽서 한 장을 받아들고

이렇게 설레고 마음이 가는 건
오래된 벗이 대우자동차에서 잔뼈가 굵은
철의노동자란 이력도
오래된 벗이 반국가단체에 가입해서
거시기 했다는 경력도
사람 좋아하고 술 좋아하는 40가까운 노총각, 그 순박함도 아닌
10년이 지나도록 프롤레타리아 사상을
지켜가는 용기 때문입니다

넉넉한 웃음
— 부산교도소에 있는 효성 박현정 동지를 그리워하며

효성 공장점거 파업 이후
현장은 어용에게 다 빼앗기고
거리로 내 긴 것도 억울한데
수백억 원의 손배가압류
얼마나 이가 갈렸으면
잇몸이 다 상했을까
얼마나 억장이 무너져 내렸으면
몸의 곡선이 술병을 닮았을까
그래도 짜증 한 번 내지 않고
약초 같은 넉넉한 웃음으로
지친 동지들의 마음을 다스리던 박현정 동지
자기 몸 다 상해도
넉넉한 웃음을 잃지 않는
싸움꾼의 자세
한 치도 흐트러지지 않았습니다
동지의 넉넉한 웃음이 빠진 투쟁판이
영 재미없지만
어느새 동지를 닮아가는
제 자신이 뿌듯합니다

다가올 10년은

젊은 마르크스주의자로 살겠다고 결의 결사 한 지
10년이 훌쩍 지났습니다
다정하고 친절한 날들이고 싶었으나
다정하고 친절한 날들이었다고 애써 말하지 않겠습니다
어느 것 하나 이루지 못하고
걸어왔던 길 참, 허름합니다

뿌리줄기로부터 떨어져 지상 위에 고립된 붉은 단풍잎들
지난밤, 꽃별들이 떨어지던 행로를 따라왔습니다
메마르고 외로웠으나 잘 견디고 있습니다
사각 사각
좁고 허름한 골목길을 걷습니다
물기 없는 날들도 쌓이면 푹신푹신해지는지
저 붉은 단풍 담요 위에 눕고 싶었습니다
지난밤, 열띤 토론 뒤의 뒤풀이 숙취 때문이기도 했으나
이제 나이 40을 바라보는 나이에
무모하게도
다시 젊은 마르크스주의자로 살겠다는 결의를
격려하고 싶었습니다

꾼꾼하고 허름한 골목길 한 켠
태평식당에 들어섭니다
허름하다는 건 태평식당만큼이나 오래된 세월
여백의 힘을 지니고 있습니다
쉽게 절망하거나 포기하지 않습니다
그렇게 제 자리에서 묵묵히 한 세월을 다 났습니다

백반 두 개요
할머니는 배추국과 들기름을 바른 김을
아침식사로 내왔습니다
애배추의 풋풋한 향이 나는 구수하고 얼큰한 배추국과
들기름을 바른 고소한 김의 내음이
사무치듯 정겹습니다
밥 한 그릇 더 떠와
"어여 더 먹어 어여"
할머니의 정겨움이 한 세월 날 힘을 줍니다
사르르
내 삶에 물기가 돕니다

다시 젊은 마르크스주의자로 살겠다는 결의가

밥 한 그릇 더 내주는 이 정겨움을 닮았으면 좋겠습니다
애배추의 풋풋한 향이 나는 구수하고 얼큰한 배추국과
들기름을 바른 고소한 김의 내음을 닮았으면 좋겠습니다

젊은 마르크스주의자, 나를 만나러 오는 모든 동지들을 위해
배추 속을 다듬어 양념으로 버무리고
쌀 뜬 물에 된장 풀어
배추국의 구수하고 얼큰한 정겨움을 차려주고 싶습니다
들기름을 바르고 약 불에 살짝 구어
입안 가득 고소함을 전해주는
김의 여백 깊은 향기를 차려주고 싶습니다

다가 올 10년은
모두에게 다정하고 친절하지는 못하겠지만
여백 깊은 향기로 살아
내 삶에 사르르 물기가 도는 투쟁으로 살아
구수하고 얼큰한 해방의 노래를 부르겠습니다

3부
죽음의 공장

우리는 죽어도 동지를 그냥 보낼 수 없다

— 故 배달호 동지의 영전에 바칩니다

새해 신새벽 민주광장, 겨울나무 겨울 달
심장까지 서늘해지는 침묵만이
동지의 딱딱하게 굳어 가는 몸, 마지막 길을 배웅 했는가
출근해도 재미없는 무너진 현장
기름 밥, 뼈 속까지 상처가 깊어질수록
공장 밥, 뼈 속까지 서러움과 분노가 깊어갈수록
도려내야 할 세상은 더욱 분명해진다

죽음 이외의 다른 길은 없었는가
오직 개인의 죽음으로 맞설 수밖에 없었는가
동지를 보내고 너무 아프다
동지는 죽음을 앞에 두고 눈물조차 말라버렸을 것이다
사랑하는 두 딸과 아내
차가운 창 살 속의 동지들
투쟁이 소진 되가는 자리, 침묵하는 조합원들
이제 분노조차 사라진 현장
많은 동지들이 지치고 체념하고 흔들리는 현실 앞에
온 몸이 타들어 가면서 외쳤던 동지의 마지막 절규

"동지들이여 끝까지 투쟁해서 승리해주길 바란다"

배달호 동지는 마지막까지 동지들을 격려하고 갔다
배달호 동지는 찬 겨울 바람, 지친 동지들을 위해
육신의 마지막 불꽃으로
따뜻한 투쟁 공간을 만들어주고 갔다

배달호 동지가 육신의 마지막 불꽃으로 남기고 간 공간은
분노조차 일지 않는 무기력한 침묵을 깨는 자리이다
절망보다 깊은 체념을 깨는 자리이다
노동자 알몸, 몸짓과 몸짓의 연결로 자본에 맞서 다시 태어나는
자리이다

네가 못하면 내가 한다
지친 동지들 일으켜 세워 다시 머리띠를 묶는다

우리는 죽어도 동지를 그냥 보낼 수 없다
동지의 딱딱하게 굳어진 몸 속에서
새로운 기운이
새로운 투쟁 질서가 자라날 때까지
— 자본에 맞선 노동자 공동전선:
　　배달호 동지의 절규와 보폭을 맞추고 나란히 나란히

전국 노동자들의 민주광장, 현장에서 총파업의 깃발이 올려질 때
까지
— 자본에 맞선 노동자 공동전선:
  배달호 동지의 절규와 보폭을 맞추고 나란히 나란히
정규직 비정규직 해고노동자들의 공동 투쟁의 깃발이 올려질 때
까지
— 자본에 맞선 노동자 공동전선:
  배달호 동지의 절규와 보폭을 맞추고 나란히 나란히
그리하여 배달호 동지의 딱딱하게 굳어진 몸에 다시 피가 돌고 꽃
이 피기까지
우리는 죽어도 동지를 그냥 보낼 수 없다

한진중공업 가는 길

죽음이 지나간 자리에 단풍 들었네
두 눈에 눈물로 단풍 드네
또 다시 우리 동지가 죽어갔는데
자꾸 두 눈에 눈물로 단풍만 드네
우리는 벌써 투쟁의 끝을 예상하고 있지 않은가
뭘 할지 알면서도 할 수 있는 일이 별로 없는 무기력
김주익 열사는 바로 이 무기력을 죽음으로 깨고 갔네
35미터 지프크레인 고공에
우리 전체를 깃발로 세우네

투쟁이 있는 곳에서 투쟁을 확대하라
— 이현중 이해남 열사 투쟁 결의대회에서

김주익 열사의 죽음을 처음 들었을 때 그냥 눈물만 났다
가을 노을을 보아도 눈물이 나고 골리앗 크레인을 보아도 눈물이 나고
가을빛에 걸려 있는 낡은 작업복처럼 퇴근하는 하청노동자들을 보아도 눈물이 나고
퇴근 투쟁 때 마이크를 잡고 선동을 할 때도 눈물만 났다
하루 종일 방구석에 처박혀 울고만 싶었다
열사의 영전에 분향 제배를 하고 검은 리본을 가슴에 달고 조선소로 돌아올 때
눈뜬 봉사처럼 할 수 있는 일이 별로 없는 것이 속울음을 커지게 했다

이해남 동지의 분신 소식을 접했을 때 말문이 막혀 버렸다
머리 속이 텅 비어 버렸다
뭔가를 해야 하는데
분노가 체념으로 바뀌기 전에 뭔가를 해야 하는데

대구 세원정공으로 달려갔다
어수선했다
투쟁문화제 연단은 비어 있었고

깔판은 이곳저곳에 흩어져 있었다
이미 많은 대오가 집회장을 빠져나오고 있었다
전투경찰을 몰아내고 세원 정공 안에는 현판이 불타고 있었다
조명도 없고 마이크도 없었지만
몸 울림 하나로 투쟁 길이 열리고
멍들고 깨지면서 모두가 따뜻했다
선봉대 동지들 몸 하나하나가 불빛이었다
곳곳에서 유리창 깨지는 소리가 들렸다
어둠 속에서 들려오는 유리창 깨지는 소리,
날카로웠지만 소나기처럼 시원했다

그러나 지도부는 없었다 투쟁 현장에서 도망쳤다
이미 부산에서는 일괄타결방침이 흘러 나왔다
눈물로 가득 찬 조합원들을 뒤로하고 지도부는 교섭하러 간다
지도부의 눈은 절망처럼 건조하다
지도부에겐 열사의 죽음이, 죽음으로 외치는 절규가 가슴을 울리는 것이 아니라
수습을 먼저 고민 한다
투쟁을 확대할 의지도, 권력을 잡을 용기도 없다
스피커가 있고 대중을 앞에 둔 높은 연단 위, 눈물 젖은 목소리로

투쟁을 호소하지만
돌아서서 곧바로 교섭하러 간다

전국에서 달려온 동지들,
낯설지만 서로 고맙고 소중하다
동지들 힘찬 투쟁 몸짓 전체가 새로운 길이다
총연맹 지도부가 도망친 투쟁 현장, 곧바로 임시지도부가 구성되었다
현장지도부는 그렇게 투쟁이 발생한 곳에서 태어나고
곧바로 새로운 투쟁 지도력을 스스로 회복시켜 나간다
적은 밖에만 있는 것이 아니나
투쟁이 있는 곳에서 투쟁을 확대하라
자본주의 밖까지 확장하라

죽음의 공장
— 고 박일수 열사의 비타협적 투쟁 정신을 기리며

지독한 침묵 속에서도 분노는 자란다
분노 없이 싸울 수 있는가
절망의 빈틈,
사랑 없이 견딜 수 있는가
우리 하청노동자들 산다는 게
지독하다

죽음의 공장, 숨 막히는 통제를 뚫고
새벽은
한 점 둥그런 불꽃으로 왔다
생살이 타들어 가는 고통
보다 더 절박한 건
하청노동자도 인간답게 살고 싶다는 의지
새벽은
마침내 돌이킬 수 없는 사상으로 왔다

다-된다
시작이었던 사람
체념일 때
손잡아 끄는 활력이었던 사람

생애 단 한번 빛났다
끝을 보지 않고서는 돌이킬 수 없는 투쟁으로
생애 단 한번 치명적으로 빛났다
저 분노가 모두 (불)꽃이라니!
저 사상이 온통 (불)꽃이라니!
— 다른 세계는 가능하다
그대 남긴 생의 환한 꽃자리
모두가 살아서 간다
살아서 모두 함께 간다
비·정·규·직·철-폐·투쟁!

죽어도 열사를 꿈꾸지 말라

— 최남선 동지에게

그래도 현중사내하청 노조 사무실이
울산대학 병원 가까이에 있어
제일 먼저 달려갔는데
얼굴과 팔에 붕대를 칭칭 감고
상반신에 붕대를 칭칭 감고
생살에 스며든 화기
그 고통에 절규하며
물을 뿌려 달라
마취제를 놓아 달라는
동지를 부여잡고서
내가 무엇을 할 수 있었겠는가
"형 이렇게 밖에 할 수 없었어"
우는 동지를 부여잡고
내가 무엇을 할 수 있었겠는가
제발 죽지 말라고 함께 우는 수밖에
달리 내가 무엇을 할 수 있었겠는가?

더 이상 열사를 꿈꾸지 말라
죽어도 열사를 꿈꾸지 말라
10번, 20번 생각해도 방법이 없었다 해도

사측 구사대의 폭력에 위축되어
어쩔 수 없이 라인 타러 가는 동료의 야윈 등을 보았다 해도
사측 구사대들에 의해 내 동지의 머리통이 짓밟히고 깨졌을 때
정규직 집행부의 그림자조차 보지 못했다 해도
더 이상 열사를 꿈꾸지 말라
죽어도 열사를 꿈꾸지 말라

10번, 20번 생각해도 방법이 없을 때
우리가 선택할 수 있는 마지막 방법은 동지이다
정말 죽어라고
10 사람을 10 명의 농시로
20 사람을 20 명의 투사로
일어서게 해야 한다
내가 10 사람의 동지로 서고
내가 20 사람의 투사로 서야 한다

대구 푸른 외과 병동
소식 듣고 한 달음에 달려온 동지들
죽음을 통과한 웃음으로
오히려 "미안하다"고 위로하는 최남선 동지여

온 몸으로 단결을 부르는 최남선 동지여
온 몸으로 연대를 부르는 최남선 동지여

동지의 가슴에 피 눈물이 맺힌 만큼
새로운 10 사람이 새로운 10 명의 동지로 설 것이다
동지의 심장에 분노보다 빛나는 (노동해방) 사상이 맺힐 때
새로운 20 사람이 새로운 20 명의 투사로 설 것이다

동지가 지펴 올린 분노의 꽃, 그 절정의 해방꽃
물푸레나무 연초록 따뜻함으로 살아
이 시대 가장 아름다운 모습,
비정규직 투사, 노동해방 투사의 모습으로
우리 곁에 돌아오기를
우리가 선택할 수 있는 최선의 방법, 최남선 동지여

흐린 날

— 류기혁 열사를 이처럼 무기력하게 보내며

비바람 속으로, 비바람과 함께
너는 통곡처럼 갔다
유서 한 장 없이
너는 모든 것을 말했고
끝까지 '비공식적'이었다
열사가 아니다
부패하고 타락한 언어들이 공식화되었다
너를 지키지 못하고 살아남은 내가 너무 아프다
분노보다도 먼저 가슴이 턱 막혀 주저앉고 싶은
날 용서하지 마라

비정규직 노동자가 노동조합에 가입한다는 건
몇 날 며칠을 뜬 눈으로 밤 세워 고민하고
자신의 삶을 온통 거는 결단이었다
운명이었을까
너의 새로운 삶의 출발지는 박일수 열사 영안실이었다
이후 당당한 비정규직 조합원으로서
단식농성장에서, 파업농성장에서 그리고 지역 집회에서
너는 전혀 새로운 삶으로 자라고 있었고
인간다운 삶의 조건에 대해서 질문을 시작했다

너는 질문을 포기하지 않았지만 그러나 최후의 질문은 목숨이었고
이를 통해 단결과 연대의 선들을 이으려고 했다

열사투쟁을 조직하라는 항의가
무책임한 평론으로, 종파주의자들의 분열책동으로 낙인찍혀도
언제나 진리는 연둣빛 새순처럼 비합법적이다
목숨에 거짓이 없듯 거짓 없는 투쟁은 언제나 불법 비공인 연대파
업이었다

정치적 전망 부재의 흐린 날들이 지속되고 있다
온통 흐린 날들이 날 휘감고 놓아주지 않는다
정치적 전망 부재의 안개 밖에서 길을 찾았으나
사실은 더듬고 두드려가는 안개 속에 길이 있다는 걸
도착지가 희망이 아니라
숨이 턱밑까지 차오르고 주저앉고 싶은 여기
이 도정이 희망의 주소지라는 걸

가장 고통스러운 순간에 웃음은 찾아온다
웃음에 여백이 생기고 밝은 빛이 드는 건 다 견뎌냈기 때문이다
열사 정신 계승이라는 머리띠를 두른 너의 영정사진을 본다

다 견뎌내고 밝은 빛 속에, 밝은 빛으로 서 있는 널 생각 한다
여백 깊고 밝은 빛이 드는 너의 웃음이
이제 우리의 방향이다
여백 깊고 밝은 빛이 드는 너의 웃음은
지금 도무지 될 것 같지 않고
그래서 현실적이지 않고 불가능한 것처럼
보이는 일들을
과감하게 시작할 수 있고
시작하게 하는 힘이다

내 아들 문성이 줄 장난감 사가지고 집에 놀러 가겠다는 약속
이제 너의 그 약속, 내가 지키기 위해
네가 살고 있는 곳, 노동해방을 꿈꾼다
혁명을 하자는 것이냐?
그렇다 혁명을 하자는 것이다
더 이상 이 자본주의에서는 못산다

정치적 전망 부재의 흐린 날, 류기혁 열사여
산자의 몫은 산자의 몫으로 남기고 잘가라

4부
푸른 달의 궤도

저물녘, 은행나무 아래에서

저물녘, 연초록의 은행나무에 자줏빛 저녁노을 깃드는데
모든 사물은 자신의 경계를 부드럽게 풀어놓고
기적처럼 파스텔톤의 푸른빛으로 달이 떠오르네
나 벅차오르는 푸른 달빛 물결로 그대를 만났네
그대 몸짓 하나 그대 표정 하나에
모과향이 익어가듯 내 체온도 변하네
그대 갈색 머리칼을 휘감고 가는 바람소리까지 처음 듣는 노래
생기로 차오른 그대 걸음 걸음
푸른 달빛의 유려한 선처럼 멋스럽네
그대 시원한 손 꼬옥 잡고 보폭을 맞추네
하나 둘 셋 하나 둘 셋
까르르 그대 웃음
새로운 생처럼 경쾌하게 터지네
세상의 한 복판이 따뜻해지네

지금은 자기 빛깔로 물기 오른 목숨들
목숨을 다하여 꽃피는 때
자유롭게 당당하게
나 벅차오르는 푸른 달빛 물결로 그대를 만났네

내 사랑의 미풍

비 온 뒤 멋진 곡선을 자랑하는 풀 잎 위의 작은 물방울 하나
그 위에 내려앉은 햇살 한 뼘
그 둥글고 투명한 빛 속에서 웃고 있는
내사랑

가만히 눈 감고 들어봐요
그대를 찾는
내 사랑의 미풍
소복 소복
소복 소복

푸른 달의 궤도

이건만은 기억해요
늦봄, 자줏빛 저녁노을처럼 기다릴께요
내가 기다리면 기다릴수록
그대는 더욱 멀어지겠지요
그러나 그대 멀어지는 마음의 보폭은
지구를 한 바퀴 돌아 제자리로 귀환하는
푸른 달의 궤도를 닮았네요
그렇게 내 등에 살포시 스미는 그대 몸의 따뜻한 여운
간신히 이 삶이 견딜만해집니다

내 기다림과 정반대 방향으로 멀어지는 그대여
그러나 그대 멀어질수록
우리는 벌써 이웃해 있습니다.
푸른달의 궤도를 따라
늦봄, 그리움은 지나치게 깊었습니다

섬끝 마을에서

— 황호인 동지

갈매기의 비상선을 따라 열리는
아침햇살,
한라중공업 사내 하청 투사 황호인 동지
그 환한 마음 빛

가을좆이 봄보지에게

돌아가신 중광스님은
봄보지가을좆 봄보지가을좆
이렇게 시를 써 놓고는
싱글싱글 벙글벙글 했다는데

봄보지가을좆 봄보지가을좆
난 항상 왜 이렇게 빳빳한지
왜 이렇게 그대만 생각하면
빳빳하게 일어서는지

빳빳하게 일어서는 것 말고는
빳빳하게 섰다가 싸는 것 말고는
싸 놓고 욕심 차린 맘 말고는
그대에게 해 준 것 없이
이기적이었네

봄보지가을좆 봄보지가을좆
탱글탱글 잘 익은 가을좆이
눈 녹은 맑은 냇가, 봄보지에게
봄가을 없이 함께 피는 꽃으로 가겠네

좆 잡고 반성하는 어눌한 자세로
수컷은 안 된다는 자괴감이 아니라
가다가 깨지고 엎어지고 주저앉더라도
품어 안는 사랑, 그대 몸 따뜻함으로
나 다시 빳빳하게 일어서겠네
봄가을 없이 싱글벙글, 함께 꽃피겠네

월곡동 산 1번지

낡은 전선줄 위에 호박초롱처럼 마지막 붉은 해가 걸릴 때면
술집에서 일하는 김양은 출근하고
위험한 층계에서 아이들은 놀고 있는 것이다
노인들이 평상에 둘러 앉아 피우는 담배연기는
허공에 부채 살 같은 주름을 잡으며 지나간다
올챙이 때처럼 바글바글한 아이들
산동네까지 쫓겨 온 사람들의 말 못하는 외로움
바글바글하다
가는 비 오는 저녁, 밥 익어가는 냄새가 평온함을 주기도 전에
산동네의 소녀들은 반항처럼 순결을 버렸다
때 이른 나이에 손톱 밑에 기름때가 묻은 사춘기의 소년들은
익숙한 아버지의 술 취한 걸음처럼 이곳을 떠나고 싶었다
가끔 늦은 귀가 길의 좁고 가파른 골목길을 오르면 들린다
숨죽인 신음 소리
자존심조차 지키지 못하는 불안한 성생활
바삭바삭한 달빛이 이들을 비추고 있었다

빛이 쏟아져 들어오는 소박한 창문

내 마음이 가 닿는 자리마다
우물처럼 깊은 여백을 갖고 싶었네
생활의 모든 자리마다 머리띠를 둘러야 사는 시간
우회해서 갈 수 없는 싸움
논리가 아니라 과연 삶 자체로 살아냈을까

죽으라고 사랑했으나
저 선하고 강한 투쟁의 심장에 스미지 못하고
말의 화염 속에 있었네
내 삶의 여백을 파내며 여기까지 왔네
가뭄처럼 바닥을 드러낸 자리
때늦은 후회하지 않으나 행복하지는 않았네

차라리 식물처럼 나를 부드럽게 풀어놓고 싶네
삶이 오는 방향으로
빛이 쏟아져 들어오는 소박한 창문을 만들겠네
빛이 쏟아져 들어오는 소박한 창문으로 서서
모든 싸움으로부터 눈 돌리지 않겠네
논리가 아니라
마르지 않는 생활의 여백으로 죽으라고 사랑하겠네

그대에게 가는 일의 순서

— 조선남 동지에게

그대에게 가는 길은
벌써 몇 시간 째 정체되고 있다
이 지루하고 무미건조한 시간을 견뎌야하는 정체가
그대에게 가는 일의 순서일까
느릿한 풍경들이 정지되고
나는 차분하게 봄 풍경 속으로 들어간다
자줏빛의 복숭아 꽃, 노란 개나리, 초록의 새싹들 연둣빛의 봄 하늘, 흰 구름
내가 미처 마음 주지 않은 곳에서 무엇인가 자꾸 자꾸 일어서려는 것들이
가슴을 울렁거리게 한다
내부를 환하게 채우는 일,
그대에게 가는 일의 순서
이 정체 속에서도
표 나지 않게 숨통을 탁, 트이게 하는
자기 빛깔로 한 계절을 나는 것들
자기 빛깔로 최선인 삶이
어우러져 내 안으로 들어온다
이 정체 속에서도
나를 환하게 환하게 다 채우고서야 그대에게 가는 길

길 밖의 풍경, 풍경 속의 길
이 색감과 향기와 일어서려는 기운들을
다 안아 가고 싶다
그대 삶에 심어주고 싶다

2002년 12월 겨울나무

그러니까 난 자꾸만 거칠어지고 있어 어느새 내가 쏟아낸 언어는 나무껍질처럼 딱딱해지고 있어 난 이를 종종 확신이라 말하곤 했지 언제나 확신은 어두운 그림자를 두게 마련이야 내가 걸어왔던 길, 벌써 광합성 작용도 멈춰버렸어 내가 겨울나무로 서는 건 힘들어서 죽겠다고, 너무 아프다고 엉엉 울고 싶은 거야 난 지금 자신 있게 무너지고 싶은 거야 이 거칠고 딱딱한 몸으로 다시 시작할 수 있을까? 아니야, 이 단순한 답을 얻기 위해서가 아니야 과연 내가 뿌리를 포기할 만큼 용기가 있을까? 저 눈물로부터, 저 맑은 눈물로부터, 저 붉은 눈물로부터, 저 응고된 외침으로부터 과연 등을 돌릴 수 있을까? 마지막 잎새를 떨구면서까지 난 이 물음과 싸우고 있는 거야

　　나이테를 늘려 가는 건 그만큼 격렬한 싸움이지
　　나이테를 늘려 가는 건 그만큼 격렬한 율동이지
　　나이테를 늘려 가는 건 그만큼 격렬한 물음이지

　　뿌리는 확신으로 자라지 않아
　　이제 뿌리는 물음이고 율동이고 싸움이지
　　2002년 12월 겨울나무, 난 마지막 잎새를 떨구며 봄을 기다리네

봄의 내부

저물녘
풍경의 위치가 희미해지는 하구에서
일제히 가로등이 켜지기 시작했습니다
때늦지 않게, 꼭 있어야 할 곳에, 어김없이 상기된 얼굴을 내미는
새순
가로등을 품었습니다
잔업을 마치고 저린 다리 끌며 퇴근하는 길에 본 새순은
참 맑은 빛 속에 있습니다
저 생동하는 낯선 공간 속으로 풍-덩 뛰어들고 싶었습니다
: 새순은 찾아지는 것입니다

답 없는 계절
내 삶을 깃대로 세워 밀고 나가는 섬세한 율동처럼
사방이 온통 꽃 소식입니다
꽃 소식은 예감보다도 먼저 내 땀이 묶어 가는 관계로부터 왔습니다
그렇게 한 겨울 묵묵히 다 났습니다
포기하고 싶은 맘 다 버리고 나서야
새파란 물기를 품어 안는 신뢰를 회복하고 나서야
봄의 내부가 환-합니다

가파른 길들이 정상에 오르자 어느 듯 수평을 이루는,
수평을 이루는 부드러운 곡선의 힘처럼
일제히 꽃향기가 켜집니다
몹시도 기대고 싶은 봄의 내부에
앞 뒤 순서도, 높낮이도 없이 일제히 꽃향기가 켜집니다

내가 직접 살고 있지 못하나 살고 싶은 일들
가로등은 오늘 밤 풀물 든 작업복의 힘찬 걸음과 함께 할 것입니다
길 찾는 몸짓들, 무사히 제 갈 길을 가게 할 것입니다
바로 저 모습이 내 삶의 주소로 도착한 꽃향기의 내력입니다

5부
적빛의 매화꽃 향기

어느 친숙한 봄날에
— 경찰청 비정규직 동지들의 고공농성 투쟁에 부쳐

어느 친숙한 봄날에
비정규직 노동자 여리고 강한 가슴
파릇파릇 돋아나는 인간다운 삶에 대한 둥그런 의지

어느 친숙한 봄날에
깨지고 짓밟히면서
온통 생을 뒤흔들 단결의 노래는 시작되고

어느 친숙한 봄날에
눈물로 부르는 파업가는
투쟁의 심장에 연대의 연둣빛 새순을 티우네

어느 친숙한 봄날에
연둣빛 새순이 체념과 절망의 미로를 해쳐
지상 100m 200m 300m
내전의 총성으로

어느 친숙한 봄날에
연순빛 새순이 지상 100m 200m 300m
물결처럼 종소리처럼

지상의 반란을 위해

어느 친숙한 봄날에
어느 친숙한 봄날에
온통 생을 뒤흔들 연대와 해방의 노래가
내전의 총성으로 연둣빛 새순이
지상 100m 200m 300m
물결처럼 종소리처럼 오르고 있네
어느 친숙한 봄날에

투쟁 사업장의 아침

— 2005년 6월 4일, 금강화성노동조합 공장사수 투쟁에 결합하면서

금강 화섬 동지들 미안하다 너무 늦었다
400여일이 지나서야 도착했다

얼기설기 파래트를 쌓아 설치한 바리케이트 앞에 선 금강 화섬 동지들
400여 일간의 전투, 몸 구석 구석 성한 곳 하나 없지만
이제 두려움의 내면까지 서로 이해하고 서로 보듬고 있는 따뜻하고 강인한 눈빛
지금 여기, 생존을 위한 절박한 자리가 인간적인 빛이 자라는 최전선이다

인력시장에서 공치던 날, 그 막막한 바람 속에서
또 다시 다짐하고 이 악물며 시작한 투쟁이었다
너무 힘들어 주저앉고 싶을 때
가장 절박한 건 동지들이었다

용역깡패의 침탈이 예상되는 날
금강 화섬 동지들과 함께 야간 규찰을 선다
수상한 차 한 대 놓치지 않는다
400여일의 길이만큼이나

400여일의 깊이로 한 몸이 된 동지들
한 동지 한 동지가 서로를 일으키는 푸른 달빛 진지였다
한 동지 한 동지가 서로를 일으키는 푸른 달빛 진지가 되어
어둠의 한 복 판에서 돌파구는 여는 새벽이었다

당장 손에 잡히는 성과물이 아니라도 좋다
우리는 무엇보다도 천금같은 동지를 쟁취했다
400여일, 함께 밥 먹고 함께 투쟁하면서
우리 모두가 동지의 하나 밖에 없는 깃발이 되고
유일한 무기가 되었다
그렇게 투쟁 사업장의 아침은
언제나 새롭게 시작하는 투쟁의 첫날이다

답 없는 곳에서 흔들림 없는 동지들의 튼튼한 단결투쟁이야말로
언제나 새로운 사상이다
물러설 수 없는 곳에서 쇠파이프에 힘을 주는 거친 손들이야말로
언제나 새로운 투쟁 방법이다
답 없는 곳에서 이미 살아가고 사랑하고 투쟁하는
비상한 몸짓 자체가 길이다

투쟁 사업장의 아침은
그렇게 지금 이곳에 존재하고
지금 이곳에서 활력 있는 율동으로 일어서
높낮이 없이 수평적으로 확장되어 가는
새로운 공동체이다
부서져도 결코 부서지지 않는 전혀 새로운 세계이다

무장한 노동자군대

— 2005년 5월 울산 건설플랜트 SK 전투에 대한 보고

건설플랜트 동지들
허리가 휘도록 일해왔다
새벽별 보고 출근해서 저녁별 보고 퇴근해야 했다

정말 소박한 마음으로 노동조합을 만들었다
흙먼지 쇳가루 날리는 맨 땅에서 밥 먹고 싶지 않다고
씻을 물이 없어 얼굴에 '시껌자' 묻히고 퇴근하고 싶지 않다고
아무데나 좆대가리 내 놓고 오줌 누고 싶지 않다고
교섭을 요구하는데
군화발로 짓밟고 곤방으로 머리통을 깨버린다
혁명을 하자는 것도 아닌데
자본가놈들, 시청, 노동부, 경찰이 한 통속이 되어
죽어라고 한다

"그래 좋다 어디 한 번 해보자"
처음 매 보는 붉은 머리띠 어색하고
처음 불러보는 "동지" 쑥스러워도
쑥스럽게 불러 보는 동지, 이제 내 목숨보다 더 소중하고
어색하게 매어진 붉은 머리띠, 튼튼하게 묶어세운 새로운 삶이다

팔 다리가 부러지는 고통 속에서도
단결을 배웠다
양 볼을 타고 흐르는 피비릿내 속에서도
연대를 배웠다.
단결과 연대, 노동자계급의 전투 사상으로 무장한 당당한 노동자
군대

섣부른 희망보다는 절망스런 현실을 포기하지 않으면서
자본의 심장에 서슬 푸른 투쟁의 획을 긋는다

공장은 노동자의 것이다

— 2004년, 현대중공업 소지군 임단협 투쟁을 생각하며

일방적인 임금삭감에 반대 해
이번만큼은 한 번 해보자고 바람 잡던 조장이
사측의 탄압 앞에 꼬리 내리고 도망치자
우진기업 하청노동자들은 직책자가 아닌
평작업자 중에서 자신의 대표자를 뽑았다
"여러분들을 배신하지 않겠습니다"
사람 좋고 성실했던
아이 넷을 키우는 가장, 송용호 형님
소금꽃 같은 지난 밤
친구 광한이의 투쟁을 지켜보면서
살아온 날들과 살아갈 날들을 생각했다
해고가 두려운 것도 사실이지만
해 맑은 아이들
자랑스런 아버지가 되고 싶었다
노동자의 자존심만은 지키고 싶었다

태어나서 처음으로 붉은 조끼를 입고
태어나서 처음으로 단결투쟁 붉은 머리띠를 묶고
동료들 앞에 섰다

업체 대표자로써 첫 번째 지침을 토론에 붙였다
사측의 개별면담 앞에 판판히 깨졌던 경험을 되살려
개별면담 거부
모든 일들을 대표자에게 보고하고 함께 논의해서
투쟁할 것을 만장일치로 결의했다

현대중공업의 회유쯤이야
노동자의 자존심으로 박살내면 되고
현대중공업의 탄압쯤이야
노동자의 의리로 깨부수면 되고
하루를 살더라도 기 확 펴고 삽시다
봄빛에 쌓여 있는 좋은 예감 같은 얼굴로
송용호 형님
업체 동료들 앞에서
악으로 깡으로 투쟁!!

그 살아 있음의 첫 번째 울림에
인간답게 살고자 하는 의지들이 진달래꽃 향기 쪽으로 돋아나고

살아 있음의 그 첫 번째 울림에

박일수 열사가 살아오는 몸짓과 몸짓의 연대,
단결투쟁의 깃발이 올랐다
현대중공업 하청노동자들의 현장 투쟁의 신호탄을 쏘아 올렸다

거릴 것 없다 거침없이 나아가자
첫 출근 투쟁, 업체 선전전, 중식 식당 선전 선동
하청노동자들에 의한 최초의 현장 중식 집회
소지공 조합원 결의대회
하루에도 몇 번씩 천당과 지옥을 오갔지만
예전엔 상상도 못했던 일들을 해내면서
정말로 모두가 자랑스러웠다
그 모습 꽃에 비할까
아님 꽃향기에 비할까
언제 우리 하청노동자들이 이렇게 어깨 힘 빡 주고
당당해 본 적이 있는가
가장 아름답고 파괴적인 힘, 송용호 동지
봄빛에 쌓여 있는 좋은 예감 같은 얼굴로
공장은 투쟁하는 노동자의 것이다 투쟁!!

그래 간이 배 밖으로 나왔다

— 친구, 김덕용 조합원 동지에게

그래 간이 배 밖으로 나왔다
까짓것 갈 때까지 가보자
언제 우리 하청이 붉은 조끼 입고 머리띠 두르고 구호라도 외쳐보았는가
언제 우리 하청이 모이고 뭉치고 투쟁이나 해봤는가
하도 긴장해서 밥도 제대로 못 먹고 밤 잠 설친 나날들
다시 머리띠로 고쳐 맨다

신나서 손을 뻗고 유인물을 돌리고
유인물을 받아든 하청노동자들의 환호소리에 비하면
사측의 폐업, 계약해지, 블랙리스트 협박쯤이야
인간적인 정에 매달리는 회유쯤이야

그래 간이 배 밖으로 나왔다
생애 최고의 맛, 투쟁의 단맛
너그 좆대 부럿다
누가 아기나 어디 한 번 붙어 보자
거침없이 단결투쟁의 한길로

하늘로 오르는 깃발

GM대우자동차 창원 공장 고공농성장이 보이는 곳
새순이 꽃망울을 막 터트리기 시작한 날입니다

공장진입투쟁을 전개하는 GM대우창원 비정규직 지회 동지들
온통 붉은 기운입니다

"연대는 구걸하는 것이 아니다"
하늘로 오르는 깃발입니다

비록 지금 당장 혁명은 아니어도
우리는 단 하루도 패배하지 않기 위하여 투쟁합니다
바로 이곳에서 언제나 새로운 삶은 시작됩니다

물러서기는 불가능하고
그렇다고 나아가기는 더더욱 어려운 조건 속에서
우리는 마침내 손을 잡습니다

이 연대의 따뜻함이 자유의 첫 음절,
높은음자리입니다

GM대우창원 비정규직 지회 동지들
꽃피는, 꽃피는 첫 날입니다

적빛의 매화꽃 향기

— 알콩달콩 고은희· 김형기 부부의 소담한 집 마당, 매화나무 한 그루

어제는 언양 소호에 있는 고은희, 김형기 부부 집에 갔네
2001년 효성공장점거파업투쟁의 당당한 비정규직 투사 고은희 동지
투쟁 패배 이후 '한' 설움이 얼마나 깊었으면
나란히 병 또한 깊어졌을까
유방암과 한 판 결전을 치루고 있었네
죽음을 다스리면서 야생초를 따고 말리는 손길 위에
봄빛처럼 내려 앉은 쾌활한 웃음

투쟁의 야전사령관, INP 사내하청노조 전 위원장, 김형기 동지
아내의 웃음을 지키는 것이 사상이다
아내의 웃음을 살리는 것이 실천이다
비정규직 투쟁도 잠시 접고
언양 시내 영세사업장에서 하루 12시간 이상의 중노동
용접사로 일하고 있네

알콩달콩 고은희. 김형기 부부의 소담한 집 마당, 매화나무 한 그루
가장 혹독한 날씨에도 아무 상관없다는 듯이
참 무모한 용기로

연둣빛 새순을 내밀고 있네
고은희 동지의 죽음을 견디는 쾌활한 웃음이
아내의 쾌활한 웃음을 지키기 위한 김형기 동지의 마음 씀씀이가
연둣빛 새순으로 살아나네

오늘 침묵했지만 오늘 또 다시 새로운 질문으로 일어서는
하청 노동자들이 있는 현장으로 돌아가겠네
어제 밤사이에 포기하고 싶었으나
내 죽어 묻힐 무덤은 그래도 저 죽음의 공장

연둣빛 새잎파리, 적빛에 더욱 가까운 꽃잎들
가지와 가지 사이에 식물처럼 펼쳐진 봄푸른 하늘과
이 모든 색들을 하나로 종합하는 매화나무 한 그루
누구도 예상치 못한 곳에서, 전혀 예기치 않은 방식으로
하루 밤사이에
풍경을 바꾸고, 질서를 바꾸는 활력으로
오늘 아침
옆 개천을 흐르는 새맑은 물소리를 품었네
답이 잘 보이지 않는 비혁명기의 무미건조하고 지루한 일상의 내부를

흐르는 투명한 물소리를 온통 품었네
무슨 일이 꼭 터질 것 같은 임박한 예감을 품었네

오늘 아침, 누구랄 것도 없이 일제히
한 치의 머뭇거림도 없이 일사분란하게
발 디딜 틈 없이 촘촘한 봄빛과 함께
매화꽃이
적빛의 매화꽃이
죽음을 다스리는 고은희 동지의 쾌활한 웃음처럼
아내의 쾌활한 웃음을 지키기 위한 김형기 동지의 사상 실천처럼
단연 돋보이게 피기 시작했네

가장 혹독한 날씨를 견디며 만개한 적빛의 매화꽃 향기
한 천리까지 향기를 뻗어
한원CC 원춘희 동지의, 경찰청 비정규직 동지들의
따뜻한 눈물이 스민 붉은 눈빛에 가 닿네

2001년 효성공장점거파업투쟁의 당당한 비정규직 투사 고은희
동지
죽음을 딛고서 직립해

이웃한 힘들을
        하나로
                적빛의 매화꽃 향기에 묶네

발문

노동의 분할을 넘어서 우리 모두의 하나됨으로

정남영

　현재 투쟁하는 비정규직 노동자들은 남한 노동운동의 적실한 계승자라고 할 수 있다. 정규직 노동자들이 자본의 노동자 분할전략으로 인해 해방을 위한 투쟁의 대열에서 대거 이탈한 상황은 비정규직 노동자들의 계승자로서의 적실성을 더욱더 높여준다. 조성웅의 새 시집 『물으면서 전진한다』는 그 주된 성격이 이 비정규직 노동자들의 투쟁의 기록이요 표현이다.

　현재 비정규직 노동자들의 열악한 조건에 상응하게 이 시집에서 비정규직 노동자들의 투쟁은 처절한 것으로 기록되고 있다. 대부분 동지의 떠남(「내 친구 우석이」), 지도부에 대한 불신(「절망은 없다」, 「용감한 관료들과 어설픈 투사들」, 「투쟁이 있는 곳에서 투쟁을 확대하라」 등), 동지의 분신과 죽음

(「우리는 죽어도 동지를 그냥 보낼 수 없다」, 「한진중공업 가는 길」, 「죽어도 열사를 꿈꾸지 말라」, 「죽음의 공장」, 「투쟁이 있는 곳에서 투쟁을 확대하라」 등)으로 이루어지며, 승리의 에피소드도 없지는 않으나(「삶은 변한다」) 전체적으로 소수이다. 따라서 "투쟁이 소진 되가는 자리, 침묵하는 조합원들 / 이제 분노조차 사라진 현장"(「우리는 죽어도 동지를 그냥 보낼 수 없다」)과 같은 구절들이 전달하는 가라앉은 분위기가 이 시집의 주요한 한 축을 이룬다고 할 수 있다.

물론 이것이 전부는 아니다. 현실의 열악함에 좌절하지 않고 투쟁의 의지를 표현한 부분들도 많이 보이는데, 이 부분은 이 시집이 상황의 단순한 재현에 그치지 않게 하는 것으로서 박노해, 백무산으로 대표되는 노동시의 대표적 표현방식을 이어받은 것이기도 하다. 다만 이제는 비정규직 노동자라는, 박노해와 백무산의 노동시 시대에는 존재하지 않았던 새로운 노동자 형상이 발하는 투쟁의 의지이다. 이런 의미에서 조성웅은 80년대의 투쟁적인 노동시의 전통을 잇고 있다고 할 수 있다.

조성웅이 그 시적 성취에 있어서 박노해나 백무산을 넘어섰다고 말할 수는 없다. 그런데 이렇게 시적 성취를 직접적으로 비교하기보다는 과연 조성웅이 새로워진 상황에 적합하게 박노해나 백무산의 노동시들에서와는 다른 고민을, 다른 시적 탐구를 하고 있는가라고 묻는 것이 더 좋을 듯하다. 나는 조성웅의 첫 시집에 담긴 시적 사유가 전위주의 혹은 중앙집중주의와는 다른 방식의 투쟁의 가능성을 모색하고 있음에 주목한 바 있었다. 이제 이번 시집에서 조성웅은 이 측면에서 한편으로는 정체를 보여주고 다른 한편으로는 일정한 진전을 보여준다. 그의 시들에는 지도부의 문제점에 대한 보고들이 수두룩한데, 이것이 지도부의 존재에 대한 근본적인 비판, 즉 대의(代議)체계 자체의 근본적 비민주성에 대한 비판—당이 대중을, 지도부가 대중을 대신하는 체제 자체의 비판—으로 나아가지는 못한다. 시인은 끊임없이 올바른 지도부를 아쉬워한다. "투쟁이 부족한 것이 아니라 투쟁지도부가 부재한 것!"이라고 말이다(「용감한 관료들과 어설픈 투사들」).

시인은 또한 권력의 문제에 있어서도 비슷한 모습을 보인다. "새로운 사람은 중앙으로 집중된 권력을 현장으로 끌어내리는 사람이다"(「물으면서 전진한다」)와 같은 구절, 혹은 "조직 속에서 발생하고 있는 권력의 위험을 체득하고 있는 나이"(「슬픔이 깊을수록 투쟁의 강도는 강하다」)와 같은 구절에서 시인은 권력의 위험성에 대한 경각심을 보인다. 그러나 아직은 권력에 대하여 '비판적 지지'의 입장에 있는 것이지 그것을 완전히 버린 것은 아니다.

그런데 이 시집에는 조성웅의 앞으로의 시적 사유의 발전을 기대해 볼 수 있게 하는 다른 중요한 요소가 있다. 권력이나 지도부로 대표되는 것과는 다른 식의 결합방식이 제시되고 있는 것이다. 조성웅은 이 결합방식을 몸과 몸의 연결에서 본다. "죽음에 직면한 육체에서 피어나는 / 이 웃음, 웃음"(「함께 밥을 먹으면 정이 든다」), "동지가 동지의 투쟁 무기가 됩니다"(「함께 한 만큼 내일입니다」, "우리는 함께 일하고 함께 밥 먹고 함께 성장 한다"(「삶은 변한다」), "계절이 바뀌는 동안 투쟁 속에서 서로 눈빛이 닮고 표정이 닮고 웃음의 속살까지 닮아버린 동지들 / 우리 모두가 서로의 희망이다"(「절망은 없다」), "조합원들의 마음과 마음이 이어져 가는 방법처럼"(「용수아이가」) 등등.

몸과 몸의 만남은 실로 조성웅의 밑바닥 힘의 근원으로서 앞으로 그가 지도-피지도의 문제, 권력의 문제 등을 훌쩍 넘어설 수 있는 잠재력이라고 할 수 있을 것이다. 몸과 몸의 만남은 만나서 서로 교류하고 교감하여 공통적인 것을 형성하는 수평적 관계로서 지도-피지도 관계 혹은 권력관계가 될 수 없기 때문이다. 조성웅이 정규직/비정규직의 분할을 거부하고 '노동자의 하나됨'을 주장하는 것도 이렇게 몸과 몸의 만남에 근거를 둘 때 비로소 가장 철저하고 수미일관한 것이 될 수 있을 것이다.

물론 몸과 몸의 만남에 대한 그의 탐구는 아직 미완성이다. 따라서 그의 시가 새로운 전망을 열어준다고 하기에는 부족하다. 전망이란 펼쳐진 것, 미래로 투사된 것, 미지로 날려진 시간의 화살이라고 할 수 있는데, 몸과 몸의 연결은 분명 화살을 날리는 동력이긴 하지만 아직 화살 자체는 아니기 때문이다. 이는 비정규직 운동이 일정한 문턱을 넘어서지 못하는 현재의 상황을 반영하는 것인지도 모른다. 사유와 실천은 병행하는 것이기 때문이다. 그렇다면 우리는 비정규직 투쟁이 이미 완성(?)되어있기를 바랄 수가 없는 것처럼 이제 투쟁의 와중에서 힘들게 두 번째 시집을 내는 조성웅의 시적 사유가 이미 완성되어 있기를 바랄 수는 없을 것이다.

『물으면서 전진한다』에는 그의 시적 사유의 발전을 도울 또 다른 요소들이 존재한다. 그 하나는 이미 존재하는 정치이론적, 정치사상적 판단에 의존하지 않는 감성적 판단이 직접적으로 제시되는 것이다. 이는 주로 '환하다'라는 형용어, 연두색의 이미지, '새싹'의 이미지, 봄의 이미지들로 표현된다. "아내의 환한 웃음이, 그 첫걸음이 내 투쟁 전술이었다"(「입덧은 투쟁신호처럼 왔다」), "봄빛처럼, 봄빛을 품은 새싹처럼 나도 강해지고 싶다"(「새싹에게 고맙다」), "머리띠를 받아 든 나이 60의 늙은 노동자가 / 환하게 / 환하게 / 생애 처음 같은 웃음을 짓는다"(「환하게」) 등등의 많은 구절들이 이에 해당한다.

사용되는 이미지들은 몇 개 되지도 않고, 또 그다지 크게 변주되지도 않지만, 이러한 감성적 형태의 판단이 현실에 대한 시인의 어떤 스피노자적 의미에서의 윤리적 판단(그리고 그렇기에 삶의 입장에서의 정치적인 판단)을 동반하는 것은 사실이다. 이러한 판단에는 맨몸뚱이 그대로의 인간의 잠재력에 대한 강한 긍정이 들어있는 것으로 느껴진다. 인간은 자신의 환경을 과거로부터 이미 형성된 형태로 물려받지만 다른 한편 해방의 기획은 언제나 맨몸뚱이 인간이 가진 잠재력에서부터 시작할 수 있다. 그러나 이는 출발점일 뿐 아직 '집단적 지성과 공동체에 대한 사랑으로 풍부하게 된 인간'은 아니다. 시인의 언어를 사용하자면, '단결된 계급'은 아직 아니다.

이러한 판단들, 이미지들은 그 자체로 굳어진다면 하나의 개인적인 상투형들이 될 수도 있지만, 계속 살아있다면 그가 이어받고 있는 많은 굳어진 정치사상 요소들 — 권력, 전위,

당, 노조, 지도부, 총파업, 현장, 정치세력화—에 대한 해독제로서 작용할 수도 있을 것이다. 그리하여 맨몸뚱이 인간이 가진 잠재력('연두색 새순')이 '집단적 지성과 공동체에 대한 사랑으로 풍부하게 된 인간집단'의 형성으로 발전하는 궤적을 시적으로 탐구하는 데서 주요한 역할을 할 수 있는 것이다.

그의 시적 사유의 발전을 도울 또 하나의 요소는 시인이 몇 군데에서 표현하는, 미리 정해진 이론적 판단들에 따르지 않고 늘 묻는 자세를 취하겠다는 다짐이다. 예컨대 「봄의 내부」에서는 "답 없는 계절"이 답답한 세월로서 그려지는 것이 아니라 "사방이 온통 꽃 소식"인 계절로 이어지는 것으로 제시되며, 「2002년 12월 겨울나무」에서는 시인이 "이제 뿌리는 물음이고 율동이고 싸움이지"라고 노래한다. 무엇보다도 「물으면서 전진한다」라는 시 전체가 이런 다짐을 본격적으로 표현하고 있다. 앞에서 말한 감성적·윤리적 판단은 이러한 다짐의 큰 토대가 될 수 있다는 생각이 든다. 미리 어떤 이론적 판단을 전제하지 않기 때문이며, 따라서 상황마다 물어야 하기 때문이다.

지금까지 말한 것을 종합하는 의미에서 마지막으로 「그대에게 가는 일의 순서—조선남 동지에게」에서 보이는 시적 성취를 간략하게 음미해보기로 하자.

그대에게 가는 길은
벌써 몇 시간 째 정체되고 있다
이 지루하고 무미건조한 시간을 견뎌야하는 정체가

그대에게 가는 일의 순서일까
느릿한 풍경들이 정지되고
나는 차분하게 봄 풍경 속으로 들어간다
자줏빛의 복숭아 꽃, 노란 개나리, 초록의 새싹들 연둣빛의 봄 하늘, 흰 구름
내가 미처 마음 주지 않은 곳에서 무엇인가 자꾸 자꾸 일어서려는 것들이
가슴을 울렁거리게 한다
내부를 환하게 채우는 일,
그대에게 가는 일의 순서
이 정체 속에서도
표 나지 않게 숨통을 탁, 트이게 하는
자기 빛깔로 한 계절을 나는 것들
자기 빛깔로 최선인 삶이
어우러져 내 안으로 들어온다
이 정체 속에서도
나를 환하게 환하게 다 채우고서야 그대에게 가는 길
길 밖의 풍경, 풍경 속의 길
이 색감과 향기와 일어서려는 기운들을
다 안아 가고 싶다
그대 삶에 심어주고 싶다

이 시에는 구호성의 어구가 전혀 없다. 그러면서도 화자의 생각과 정서가 파스텔처럼 번져 시를 가득 채운다. 시인이 좋아하는 이미지들도 여기서는 마치 일종의 구호처럼 던져지기보다 서로 상호관계를 맺어 풍성한 장(場)을 이룬다. 그리하여 시 전체는 동지에게 다가가고자 하는 마음이 단순한 조급함과

는 다른 차원의 충만한 간절함으로 다가오게 하는 것이다. 바로 이러한 방식의 '다가감'이 확대되고 또 확대되는 과정에서 모든 노동자의 하나됨, 더 나아가 자본의 지배 아래 살아가는 우리 모두의 하나됨이 이루어지고 종국에는 자본의 지배로부터의 해방도 이루어지는 것이 아니겠는가.

갈무리 문학평론

1. 리얼리즘과 그 너머 : 디킨즈 소설 연구
정남영 지음
경원대 영문학과 교수로 재직중이며 문학평론가로서 활발한 비평 활동을 하고 있는 정남영이 디킨즈의 작품들에 대한 치밀한 분석을 통해 새로운 리얼리즘론의 가능성을 모색한 문학이론서이다.

2. 카이로스의 문학
조정환 지음
『노동해방문학의 논리』이후 15년에 걸친 오랜 정치철학적 모색 끝에 펴내는 조정환의 세 번째 평론집. 문학, 지식, 문화가 자본에 실질적으로 포섭된 시대에 문학적 창조와 생성의 시간은 누구에 의해, 어떻게 열리는가를 진지하게 탐구한다. 민족문학, 민중문학, 노동문학, 노동해방문학의 삶문학으로의 재구성, 리얼리즘의 해독제로서의 버추얼리즘의 가능성에 대한 진지한 탐색을 담고 있다. 1990년대 이후 최근까지 문학장의 핵심 쟁점(리얼리즘–(포스트)모더니즘 논쟁, 분단체제 논쟁, 민족문학 논쟁, 문학권력 논쟁, 문학 위기 논쟁 등)에 대한 비판적 개입과 서정주, 김지하, 박노해, 백무산 등 한국 현대 시문학사의 거장들의 문학적 행보에 대해 예리하게 분석하고 있다.

피닉스 문예

1. 시지프의 신화일기
석제연 지음
오늘날의 한 여성이 역사와 성 차별의 상처로부터 새살을 틔우는 미래적 '신화에세이'!

2. 숭어의 꿈
김하경 지음
미끼를 물지 않는 숭어의 눈, 노동자의 눈으로 바라본 세상! 민주노조운동의 주역들과 87년 세대, 그리고 우리 시대에 사랑과 희망의 꿈을 찾는 모든 이들에게 보내는 인간 존엄의 초대장!

3. 볼프
이 헌 지음
신예 작가 이헌이 1년여에 걸친 자료 수집과 하루 12시간씩 6개월간의 집필기간, 그리고, 3개월간의 퇴고 기간을 거쳐 탈고한 '내 안의 히틀러와의 투쟁'을 긴장감 있게 써내려간 첫 장편소설!

4. 길 밖의 길
백무산 지음

1980년대의 '불꽃의 시간'에서 1990년대에 '대지의 시간'으로 나아갔던 백무산 시인이 '바람의 시간'을 통해 그의 시적 발전의 제3기를 보여주는 신작 시집.

Krome …

1. 내 사랑 마창노련 상, 하
김하경 지음

마창노련은 전노협의 선봉으로서 87년 노동자 대투쟁 이후 민주노총이 건설되기까지 지난 10년 동안 민주노동운동의 발전을 이끌어 왔으며 공장의 벽을 뛰어넘은 대중투쟁과 연대투쟁을 가장 모범적으로 펼쳤던 조직이다. 이 기록은 한국 민주노동사 연구의 소중한 모범이자 치열한 보고문학이다.

2. 그대들을 희망의 이름으로 기억하리라
철도노조 KTX열차승무지부 지음 / 노동만화네트워크 그림
민족문학작가회의 자유실천위원회 엮음

KTX 승무원 노동자들이 직접 쓴 진솔하고 감동적인 글과 KTX 투쟁에 연대하는 16인의 노동시인·문인들의 글을 한 자리에 모으고, 〈노동만화네트워크〉 만화가들이 그린 수십 컷의 삽화가 승무원들의 글과 조화된 살아있는 감동 에세이!